생명자본마을
비타 빌리지

생명자본마을
비타 빌리지

초판 1쇄 인쇄 2024년 9월 3일
초판 1쇄 발행 2024년 9월 10일

지은이 이성 · 김형숙
기획편집 신영란
펴낸이 신영미

펴낸곳 도서출판 봄길
출판등록 제25100-2014-000017호
주소 (03778) 서울특별시 서대문구 연세로2나길 72
팩스 050-5115-8195
이메일 bomgilro@gmail.com

ISBN 979-11-956035-2-7 (03300)

※ 이 책은 저작권법에 따라 보호받는 저작물이므로 무단 전재와 복제를 금지하며, 이 책 내용의 전부 또는 일부를 사용하려면 반드시 저작권자와 도서출판 봄길의 서면 동의를 받아야 합니다.
※ 잘못된 책은 구입하신 곳에서 바꾸어 드립니다.
※ 책값은 뒤표지에 있습니다.

생명자본마을
비타 빌리지
Vita Village

이성 ◆ 김형숙 지음

봄길

• 추천의 글

최운실
미래글로벌공동체재단 이사장, 미국 Mindwest Univ 교수, 아주대 명예교수

　수십 년을 대한민국 평생교육 분야에서 다양한 학습 모델과 공동체 형성에 대해 고민하고 실천하면서 제가 만났던 무수히 많은 저작물 중 김형숙 대표와 이성 박사 두 분이 함께 집필한 『생명자본마을 비타 빌리지』는 단연 으뜸이고 수작이며 엄청난 감동을 줍니다.
　놀랍습니다. 메마른 땅에 촉촉한 생명의 단비가 내리듯, 저자들은 경제 자본주의에서 생명자본주의로의 전환을 주장하며 단순한 이론의 나열을 넘어, 인간관계의 따스함과 공동체 의식의 힘을 Vita-Capital이라는 새로운 관점으로 풀어내고 있습니다.
　우리 모두에게 더 연결되고, 더 관심을 가지며, 더 사랑할 수 있는 방법을 제시합니다. 각자의 독특한 이야기와 경험이 공동체의 보물이 되며, 이를 통해 더 지속가능하고 따뜻한 공동체가 형성되는 과정을 생생하게 그려내고 있습니다.
　희망을 일구고 생명을 소중히 여기며 행복하게 살아가려는, 공동체 일굼에 관심이 있는 모든 이들에게 조금은 힘겹고 삶에 지

쳐갈 때, 이 책을 곁에 두고 구비구비 읽어내려 가면서 삶의 지혜와 생명력을 얻으십사 감히 추천합니다.

저는 이 책이 대한민국 곳곳에서 읽혀지길 바라며, 더 많은 행복한 공동체가 탄생하는 데 기여할 것임을 확신합니다. 모든 페이지에서 울려 퍼지는 저자의 열정과 통찰은 우리가 미래 세대에게 물려줄 수 있는 가장 소중한 유산이 인간관계의 풍부함임을 일깨워 줍니다.

이 책을 통해 각자의 존재가 왜 중요하며, 어떻게 각자가 공동체 안에서 빛날 수 있는지를 보여주는 저자들의 혜안과 따뜻한 휴머니티 메시지에 깊이 공감합니다. 이 책이 우리 모두의 삶에 놀라운 전환과 힘과 희망을 줄 수 있는 거대한 촛불이 되기를 간절히 바랍니다.

· **추천의 글**

| 김문수
| 경사노위 위원장, 전 경기도지사

    저는 노동운동 당시, 청계천 피복공장 등 여러 공장을 전전하면서도 1977년에는 고학으로 환경관리기사 2급, 안전관리기사 2급 등의 국가기술자격을 취득했습니다. 당시 가지지 못하고 배우지 못한 사람들에게는 고학이 유일한 배움의 길이기도 했습니다.

    이제 대한민국에는 배우고자 하는 사람은 언제, 어디서든 원하는 것을 얼마든지 배울 수 있는 세계 최고의 평생학습 시스템이 있습니다.

    하지만 미래의 학습은 또 달라져야 합니다. 가정과 학교에서 가르쳐주지 않는 것, 그것을 누군가로부터 자연스럽게 배워야 합니다. 그들은 다름 아닌 우리의 이웃입니다.

    경기도 평생교육진흥원장으로 있던 저자가 마을 주민들이 마을에서 교육과정을 운영하고 주민들을 대상으로 강의하면서 학습을 매개로 마을 주민들이 소통하는 과정을 통해서 지역사회 활성화 사업을 열정적으로 추진한 것을 기억합니다.

이 책에서는 그 마을 주민들을 생명자본활동가라 부르고 있습니다. 생명자본활동가들이 어떤 헌신과 노력으로 우리 사회를 변화시키고, 대한민국의 행복한 미래를 위해 기여하고 있는지를 다양한 사례와 분석을 통해 잘 보여주고 있습니다.

이 책을 통해 여러분도 생명자본활동가들의 중요성과 그들이 우리 사회에 미치는 긍정적인 영향을 깊이 이해하고, 그들과 함께 더 나은 미래를 만들어 가는 데 동참하시길 바랍니다.

• 추천의 글

| 강득구
| 국회의원

아이들은 궁금한 게 많습니다. 아무리 사소한 것도 그냥 넘어가지 않고 물어봅니다. 그러나 우리의 톱-다운식 교육 체계는 그 호기심 많은 미래 천재들의 날개를 꺾어 버립니다. 학교 성적을 위해 아이들은 사교육에 내몰리고 부모는 사교육비에 휘청이는 시대가 되어버렸습니다.

앞으로 우리 사회는 창조적인 능력이 바로 자본이 되는 사회로 나아가야 합니다. 하지만 제도권 학교의 교육만으로는 창의성 충만한 인재를 발굴하기 어려운 것이 오늘 우리의 현실입니다. 인재가 있다고 해도 적절하게 육성하기가 어렵습니다. 이제라도 지식을 말로 전하는 것이 아니라 자신의 머리로 생각하고 스스로 창조하는 인재를 길러내야 합니다. 그러기 위해서는 온 마을이 나서야 합니다. 아이들은 단순히 보면서 배우는 수준을 넘어 마을에서 어른들의 지혜와 사랑, 나눔, 아낌, 헌신으로부터 배워야 합니다.

이 책은 생명자본활동가들이 단순히 지식의 전달자가 아니라, 역사, 전통, 문화, 자연, 그리고 지혜를 어떻게 헌신적으로 공유하고 있는지를 잘 보여주고 있습니다. 그리고 생명자본활동가는 특별하거나 대단한 능력의 소유자가 아니라 우리의 평범한 이웃이고, 또한 이 책을 읽는 바로 당신이 훌륭한 생명자본활동가일 수 있다는 사실을 알게 해줄 것입니다.

강득구

• 추천의 글

김동근
의정부 시장

  이 책은 故 이어령 박사가 인간의 사랑과 감성, 공감 능력을 중심으로 새롭게 정의한 생명자본에 대한 개념을 평생학습의 관점에서 조명하고 있습니다. 그리고, 자본주의의 한계와 사회적 문제를 지적하며 생명자본주의를 통해 사람 중심의 행복한 공동체를 만들어 나가는 방향을 제안하고 있습니다.
  저는 이 책을 통해 보다 나은 공동체 형성을 위한 우리 시의 고민에 대한 답을 찾을 수 있었습니다. 의정부시 곳곳에서 지역사회 발전을 위해 애쓰는 활동가들이 우리가 꿈꾸는 지속가능하고 풍요로운 공동체의 재탄생을 가져올 생명자본이라는 사실입니다.
  새로운 지역사회 모델과 가치관 정립을 모색하고 계시는 지방자치단체장과 공무원, 평생학습 관계자, 활동가, 교수, 학생은 꼭 읽어보실 것을 권장합니다.

김동근

• 추천의 글

| 김덕현
| 연천군수

　첨단과학 사회는 각각의 산업이 융합하여 또 다른 가치를 창출해내는 새로운 삶의 지혜를 요구합니다. 이 책은 지역사회가 간직한 지적자본, 경험자본, 기술자본을 하나로 묶어 우리 고유의 공동체를 되살리고, 창의적이고 발전적인 인재를 육성하자는 미래 지향적 메시지를 담고 있습니다.

　우리 연천군은 주민 간의 상호교류를 통한 평생학습을 선도적으로 실현해왔습니다. 앞으로도 이런 평생학습을 생명자본 커뮤니티와 연결하여 행복한 공동체 구현에 박차를 가할 것입니다. 우리나라의 지방 정부에서 주민 복지 최우선 정책을 펼쳐 나가는 데 있어서 이 책이 올바른 방향성을 제시하고 있다고 생각합니다.

• 여는 글

삶에 행복을 더하는 생명자본

　인간은 다양한 공동체에 소속되어 살아갈 때 심리적 안정감과 행복감을 느끼는 존재라고 합니다. 가난한 시절에도 우리가 행복감을 느낄 수 있었던 건 아마도 한국인 특유의 공동체 의식이 한몫했을 겁니다. 그런데 언제부턴가 한국은 OECD 회원국 중 자살률 1위라는, 상상조차 못 했던 뉴스의 한복판에 있습니다. 어쩌다 우리나라가 이렇게 됐을까요?

　세상은 끊임없이 변화하고, 새로운 기술은 그 속도를 더욱 가속화합니다. 우리는 그 속에서도 본래 인간의 마음—가족, 친구, 이웃을 향한 관심과 사랑—은 변하지 않을 것이라 믿어왔습니다. 그러나 안타깝게도 우리는 자신도 모르는 사이에 이해타산 중심으로 관계를 이어가며 나눔, 배려, 공감력 등 우리 삶에 소중한 자본들을 조금씩 잃어가고 있습니다. 행복의 척도를 물질에 두고 전 세계 최고의 근로 시간을 기록해가면서 오로지 먹고 사는 문제에 매달려왔던 기성세대의 영향일 수도 있습니다.

경제적으로 부유해지면 행복해질까요? 인간다운 삶에 돈은 어느 정도 긍정적인 역할을 할까요?

하버드 의과대학의 정신건강의학과 교수 조지베일런트는 학벌, 외모, 재산, 건강 등 통상 우리가 이상적인 삶의 조건이라고 생각하는 것들과 행복의 상관관계를 밝혀냈습니다. 하버드를 졸업한 20대 남성 268명과 보스턴시 빈민가 지역의 10대 후반 456명의 일생을 84년에 걸쳐 관찰한 결과를 바탕으로 쓴『좋은 인생』이 그것입니다.

이 연구에 따르면, '한밤중 아프거나 두려움이 밀려올 때 연락할 사람이 있습니까?'라는 질문에 '예'라고 답할 수 있는 사람이 가장 큰 행복감을 느낀다고 합니다. 가족, 친구, 이웃 등의 공동체 안에서 좋은 관계를 맺고 살아가는 사람은 그렇지 않은 사람에 비해 더 행복하게, 그리고 더 오래 건강한 삶을 영위한다는 것입니다. 반면, 폐쇄되고 고립된 생활을 하는 경우는 사회적 지위나 재정 상태와 관계없이 행복감을 덜 느끼고 건강이나 두뇌 기능이 남들보다 일찍 감퇴하여 단명하는 것으로 나타났습니다.

이 책의 주제인 생명자본활동가와 생명자본마을이 필요한 이유입니다.

　자신도 모르게 물질만능주의에 물들어 가고 있는 우리 자녀들은 과연 행복한 삶을 살아갈 수 있을까요? 미래세대가 인간의 본질을 잊지 않도록 하는 것은 우리 세대의 몫입니다.

　이 책을 통해 우리가 얘기하는 '생명자본'은 복잡하고 어려운 개념이 아닙니다. 자신에게 주어진 것을 타인과 나눔으로써 존재 이유를 실천하고 많은 이들의 행복을 비추는, 따스한 마음의 씨앗을 퍼뜨리는 사람들을 의미합니다. 생명자본은 단순히 물질적 가치나 경제적 수치를 넘어, 사람들 각자가 지닌 독특한 경험, 지식, 감정과 연대의식을 뜻합니다. 이러한 생명자본은 서로를 돌보고 함께 성장하는 과정에서 더욱 풍성해집니다.

　아침에 이웃과 나누는 따뜻한 인사, 친구와의 사소한 대화, 가족과 함께하는 소중한 시간. 이 모든 것들이 우리의 생명자본을 쌓아가는 순간들입니다. 이 작은 순간들이 모여 하나의 커다란 힘을 이룹니다. 그리고 이 힘은 생성형 AI 등 인간의 생활을 편리하게 해주는 기술의 발전과는 무관하게 빛을 발합니다. 나아가 AI보다 더 앞선 기술이 나타날수록 생명자본의 가치는 더해질 것입니다. 생명자본은 시대 변화와 관계없이 사람들이 살아가는 방식, 신념, 행복에 영향을 미치기 때문입니다.

　새로운 기술을 통해 우리는 더 많은 사람들과 연결되고, 우리의 지식과 감정을 보다 다양하게 나눌 수 있습니다. 이는 마치

무한한 가능성의 정원을 가꾸는 것과 같습니다. 우리가 서로에게 주는 사랑과 지지가 그 정원의 꽃과 나무를 자라게 하는 양분이 되는 것이죠.

생명자본이 풍부한 커뮤니티에서는 이러한 연결이 더욱 강화됩니다. 각자의 독특한 경험이 모두의 자산으로 작용할 수 있게 되고, 이를 통해 더욱 지속가능하고 따뜻한 공동체가 형성됩니다.

우리의 지식과 감정이 서로의 삶을 풍요롭게 하고, 함께 성장할 수있는 기회를 제공합니다.

이 책을 쓰기로 마음먹은 것은 두 가지 이유에서입니다.

첫째는 불확실성의 시대를 살아갈 미래세대에게 행복한 삶을 물려줄 방법을 함께 고민하고 대안을 모색해보기 위한 것입니다.

무엇이 인간을 진정한 행복으로 이끌어줄까요? 우리는 독자들과 함께 이에 대한 답을 찾아가고자 합니다.

둘째, 우리 지역사회가 보유한 지적자본, 경험자본, 기술자본 등을 활용한 생명자본 커뮤니티를 통해 주민 스스로 인간의 본질을 회복해 나가는 사례를 공유하고자 합니다.

마을공동체의 행복을 추구하려면 사람과 사람이 연대하여 함께 성장해가는 학습의 장이 필요합니다. 그런 곳이 바로 생명자본마을입니다.

우리는 일찍이 이런 생명자본을 활용하여 성공적인 커뮤니티를 이룩한 국내외 사례를 바탕으로 새로운 공동체 운동의 방향성을 탐구할 것입니다. 또한 다양한 사례들을 바탕으로 개인과 지역공동체 활동에 필요한 구체적인 방법들을 제시할 것입니다.

마하트마 간디는 말했습니다.

'미래는 현재 우리가 무엇을 하는가에 달려 있다.'

행복이 머무는 곳은 현재뿐입니다. 미래는 다가올 언젠가가 아닌 지금 이 자리, 우리가 살아가는 이순간 이미 시작되고 있습니다. 모쪼록 이 책이 보다 많은 이들의 행복을 비추는 촛불이 될 수 있기를 간절히 바랍니다.

2024년 8월
저자일동

: 차례 :

추천의 글 _5

여는 글
삶에 행복을 더하는 생명자본 _13

1부
미래는 생명자본의 시대
Vita Capital

왜 지금 생명자본인가? _23
마을 안에서 행복을 가꿔나가는 비타 빌리지 Vita-Village _30

2부
생명자본의 종자를 심다
Vita Capitalism

생명자본의 철학과 가치 _45
생명자본활동가는 어떤 사람들일까? _65
생명자본활동가의 특성 _67

3부
우리 주변의 생명자본활동가들
Vita Capitalist

사람들 마음속에 생명자본이 있다 _79

모든 인간이 동등하게 존중받는 사회를 위하여 _91

마을살이 경험이 삶의 활력소가 되다 _108

마을은 그 자체로 생명자본 _127

문해강사는 한을 치유하는 생명자본활동가 _143

위기 속에서 새로운 기회를 만들어내는 생명자본활동가의 힘 _153

우크라이나의 평생학습 전도사 _162

4부
생명자본을 만들어가는 지역사회
Vita Village

아파트에 생명이 흐른다 _175

독일보다 한국이 부자인 이유 _187

앞집 할아버지는 마을 훈장님, 옆집 손자는 핸드폰 사부 _199

혼자서는 어렵지만 '우리'라서 가능한 일 _211

맺는 글 _225
아시아 농촌 인적자원개발협의회(ASIA-DHRRA) 회장 이성

1부

미래는
생명자본의
시대

Vita
Capital

왜 지금 생명자본인가?

18세기 중엽 애덤 스미스$^{Adam\ Smith(1723\sim1790)}$가 『국부론』을 펴 냈습니다. 이전까지 부정적으로만 인식되던 이기심은 인간의 본성이며 사회를 부강하게 하는 힘의 원천이라는 게 『국부론』의 핵심이고 이것이 자본주의의 시작입니다.

스미스의 주장처럼 자본주의의 도입으로 분업에 의한 경쟁이 이루어지면서 개인의 생활이 윤택해진 것은 부인할 수 없는 사실입니다.

대신 우리는 무엇을 잃어버렸나요?

이 순간에도 세계 곳곳에선 갈등과 분쟁으로 인한 비극이 끊이질 않습니다. 냉혹하고 탐욕스러운 금융자본주의의 폐해로 온 인류가 신음하고 있습니다. 어제의 친구가 오늘의 적이 되는가

하면 단란했던 가족이 돈 때문에 원수가 되기도 합니다.

언제까지 이렇게 살아야 할까요?

1600년대 초까지만 해도 가축의 소유 정도를 부의 척도로 삼았습니다. 자본^{capital}의 원뜻도 가축의 머리를 의미하죠. 소나 말이나 양을 열 마리 소유하면 자본이 10, 백 마리가 있으면 100이 되는 것입니다.

우리나라에 '생명자본주의'를 처음 소개한 이어령(1934~2022)* 박사는 물질보다 인간의 사랑과 감성, 공감 능력을 바탕으로 한 생명자본이야말로 새로운 시대에 가장 중요한 가치라고 했습니다.

생명자본주의는 시장제도를 유지하면서 물질만능주의의 폐단을 극복할 수 있는 매우 유용한 대안이 될 것입니다. 국가의 부를 많이 쌓는다고 시민이 행복해지지는 않습니다. 금융자본주의에 기반한 경제발전에는 사람이 사람답게 살아가는 데 반드시 필요한 그 무언가가 빠져 있기 때문입니다. 따스한 온기를 지닌 생명의 가치가 모든 생산 수단과 목적의 전제가 될 때 비로소 인류는 다 같이 행복하게 앞으로 나갈 힘을 갖게 됩니다.

생명자본 중에서도 귀하고 소중한 건 돈으로 환산할 수 없는 가치를 지닙니다. 지금은 물을 사서 먹는 게 자연스러운 현상

---

* 인생에 대한 깊이 있는 통찰로 많은 대중을 이끌었던 학자, 언론인, 문학평론가. 초대 문화부 장관을 지냈으며 2013년 출간된 『생명이 자본이다』를 통해 상생을 위한 '생명자본주의'라는 새로운 시대의 패러다임을 이끌어냈다.

이 되었으나 과거에는 절대적인 생명가치가 있는 건 사고팔지 않았습니다. 존 러스킨$^{Jonh\ Ruskin(1819~1900)}$은 이를 고유가치$^{intrinsic\ value}$로 명명했습니다.

사람들은 그때그때 시장에서의 교환가치나 사용가치 혹은 노동가치 등에 따라 선택의 우선순위를 결정합니다. 생명의 영역보다 시장주의가 더 막강한 힘을 발휘하는 것이죠.

이어령 박사는 생명자본의 의의를 다음과 같이 설명합니다.

"사막에서 낙오된 사람에게 생수와 다이아몬드 중 하나를 선택하라면 백이면 백 생수를 선택할 겁니다. 다이아몬드는 교환가치가 있지만 교환이란 행위 자체가 무의미한 사막에선 죽은 자본일 뿐이에요. 미래는 생명자본이 더 가치를 인정받고 자본의 중심을 이루는 사회가 될 겁니다."

이제 금융자본 시대는 막다른 골목으로 가고 있습니다. 2008년 리먼 브라더스* 쇼크 때 난다 긴다 하는 경제학자들도 누구 한 사람 위기를 예측하진 못했습니다. 전통 경제학자들이 말하는 경제학의 시대는 우리가 상상도 할 수 없는 속도로 모습을 감춰버린 겁니다.

이자율이 사람들의 기대에 미치지 못하면 자본주의 시스템은 아주 쉽게 무너진다고 합니다. 금융자본주의가 작동하지 못하

---

* 리먼 브라더스(Lehman Brothers Holdings)는 세계 4위의 미국 투자 은행으로 한국산업은행이 인수를 포기한 5일 후인 2008년 9월 15일 파산하여 세계 금융위기를 불러왔다.

면 궁극적으로 산업자본 시스템이 무너지게 됩니다. 우리가 몸담고 살아온 사회가 아주 허탈할 정도로 빠른 속도로 무너지는 거죠. 생명자본에 대한 진지한 고민이 필요한 이유가 바로 여기에 있습니다.

사람을 살리는 생명자본

생명자본의 중요성을 일깨워 준 대표적 사례는 볼리비아입니다. 외채와 인플레이션에 시달리던 볼리비아 정부는 1997년~1999년 세계은행과 국제통화기금^{IMF}으로부터 구제금융을 받는 조건으로 공기업 매각에 합의했습니다. 그 결과 미국의 벡텔^{Bechtel}사*가 컨소시엄을 구성해 2만 달러도 안 되는 헐값에 코차밤바시**의 상하수도 운영권을 따냈습니다. 계약조건도 파격적으로 40년간 코차밤바시의 물을 독점적으로 공급하고 관리하는 것이었죠.

그래서 어떻게 됐을까요?

벡텔은 2000년 영업을 시작한 지 1주일 만에 수도세를 4배 가

---

* 벡텔(Bechtel)은 미국 버지니아주 레스턴에 본사를 둔 공학, 조달, 건설, 프로젝트 관리 기업으로 미국 최대의 건설기업이다.

** 코차밤바(Cochabamba)는 안데스산맥 내부에 동서로 발달한 분지에 자리한 표고 약 2,600m의 도시로 볼리비아에서 3번째로 큰 도시다.

까이 올렸습니다. 시민들은 수돗물을 포기했고, 지붕에 빗물을 받아 쓸 기구를 설치했습니다. 평균 월급은 70달러에 불과한데 한 달 수돗물 값이 20달러에 육박했으니 어쩔 수 없는 선택이었죠. 하지만 볼리비아 정부는 '2029법'을 만들어 일반 시민이 빗물을 받아 쓰려면 당국의 허가를 거치도록 했습니다. 자국민은 물이 없어 죽든 말든 외국 기업에 특혜를 몰아주려는 악법 중의 악법이었죠.

마침내 시민들은 '물 전쟁'을 시작했습니다. 독재자도 참아왔던 그들이 모두의 생명자본을 제멋대로 팔아넘긴 무도함에 분노를 폭발시킨 겁니다. 결국 정부는 계엄령을 선포한 지 넉 달 만에 백기를 들었습니다. 우고 반제르 대통령은 사임했고 물 사유화 금지법이 새롭게 제정되었죠.

볼리비아 사태는 그리스신화에 나오는 미다스^{Midas} 왕을 떠올리게 합니다. 미다스는 신에게 친절을 베푼 보답으로 손 닿는 것마다 황금으로 변하게 만드는 능력을 얻었죠. 그런데 만지는 것마다 금덩어리로 변해서 빵 한 조각 포도주 한 모금 먹지를 못합니다. 그에게는 오렐리아라는 어여쁜 딸이 있었죠. 굶주림과 외로움에 지쳐가던 미다스는 자신을 위로하러 온 딸이 너무나 사랑스러워 덥석 손을 잡고 말았습니다. 그 순간 그토록 아끼던 딸마저도 차가운 금덩어리로 변해버렸죠. 자식의 생명을 앗아간 황금에 무슨 가치가 있고 무슨 의미가 있었을까요?

어쩌면 우리는 미다스의 교훈을 망각한 채 살고 있는 건지도 모릅니다. 미래를 위해 무엇을 준비하고 아이들 교육은 어떻게 할지 아무리 머리를 짜내도 답이 안 나옵니다. 이런 모든 계획에 생명자본이 빠져 있기 때문입니다.

잠깐이라도 주위를 돌아보면 세상에 널린 게 생명자본입니다.

손자를 보살피는 할머니의 따뜻한 손길에 값을 매기면 얼마일까요? 어머니가 끓여주신 된장국은? 가족의 버팀목이 되어주는 아버지의 낡은 구두는? 나에게 위안을 주는 이웃의 살가운 배려는?

"인간을 한자로 쓸 때 사이 간間 자를 써요. 사람 사이에서 살아가는 게 인간이란 존재죠. 삶의 길이 여기 있는데, 손을 잡으면 여기 생명이 있는데, 먼 데를 헤매다닐 까닭이 무엇인가요? 우리에게 없어선 안 될 생명자본은 바로 여러분 안에, 여러분 마을에 있어요."

이어령 박사가 평소 자주 했던 말입니다. 21세기에 가장 절실한 건 시민에게 생명자본 학습 프로그램을 제공하는 일이라고도 하셨죠. 특히 제3의 영역에서 균형적 발전을 이끌어갈 커뮤니티의 필요성을 강조하셨습니다. 사회주의적 성향이 강한 사람은 자본주의적인 장점을 배우게 하고, 지나치게 자본주의적 사고에 얽매인 사람은 사회주의적 가치의 긍정적인 측면을 배울 수 있게 균형을 맞춰야 한다는 것입니다.

양극화 문제가 세계적인 현상이 된 요즘입니다. 생명자본주의에 대한 이어령 박사의 통찰은 사람과 사람 사이를 가로막는 차이와 한계를 넘어설 간단한 해법으로 읽힙니다.

마을 안에서 행복을 가꿔나가는
비타 빌리지 Vita-Village

    부모가 물려준 경제적 자본이 중요한 시대는 지났습니다. 지금은 문화자본이 중요한 시대입니다. 그리고 이 문화자본은 생명자본이 풍부한 환경에서 싹을 틔웁니다.

    이어령 박사는 '물리학에서는 '얼음이 녹으면 물이 된다'가 정답이지만 문학에서는 '얼음이 녹으면 봄이 온다'가 정답이 될 수 있다.'는 비유를 통해 이과와 문과의 차이를 설명한 적이 있습니다.

    급변하는 미래 사회에서는 다양성이 무엇보다 중요한 가치를 지닙니다. 문과와 이과를 구분하는 양면적 사고는 설 자리가 없습니다.

    엔지니어가 AI를 만듭니다. 하지만 인문학적으로 AI를 지배하지 못하면 문명이 재앙이 되기도 합니다. 조만간에 닥쳐올 문제를 해결할 가장 빠른 길은 문화적 감수성이 풍부한 인재를 양성하는 것입니다.

우리에겐 시간이 많지 않습니다. 어떻게 하면 가장 효율적으로 새로운 시대가 요구하는 인재를 양성할 수 있을까요?

아이들이 어릴 때부터 마을 안에서 놀고 배우고 자라는 인문학적 학습 환경을 만들어 줄 수도 있을 것입니다. 아프리카 속담에 '한 아이를 키우는 데 온 마을이 필요하다'는 말이 있죠.

가진 게 아무리 많아도 시간이 부자인 사람은 없습니다. 재벌도 24시간이고 직장인도 24시간, 어른도 24시간, 아이들도 24시간, 모두에게 시간은 평등하게 주어집니다.

아이들은 매일 시간에 쫓깁니다. 해야만 하는 일, 하고 싶은 일들도 너무 많죠. TV도 보고 싶고 좋아하는 게임도 하고 싶고 친구들과 놀고 싶기도 하지만 그러기엔 하루가 너무 짧습니다.

엄마도 바쁘고 아빠도 바쁩니다. 아이들 공부도 봐줘야 하고 휴일에 놀러 가자고 하는데 어딜 가야 할지도 모릅니다. 자신들의 부모와 행복하게 놀아본 경험이 부족한데다 아이와 마찬가지로 시간에 쫓기는 일상을 살아가기 때문입니다.

이어령 박사는 주민이 주도하는 생명자본 학습 프로그램이 필요한 이유를 이렇게 설명합니다.

"화가와 수학을 전공한 주민이 한마을에 산다고 가정해 봅시다. 그림에 관심이 많은 자녀를 둔 부모는 화가에게 미술 지도를 부탁하는 대신 그 댁 자녀에게 수학을 가르쳐줄 수 있습니다. 생명자본의 상호교류가 자연스럽게 일어나는 겁니다. 또 같은 아파트에서 아이가 태어났는데 주민 중에 시인이나 철학자가 있다면 멋진 태명이나 시를 지어줄 수 있을 것입니다. 다른 아파트에서는 기대할 수 없는 특별한 축복 속에 태어난 아이는 어릴 때부터 인문학적 감성에 자극받게 되지 않겠어요?"

인간의 지적 능력은 대부분 3세까지 완성된답니다. 이 시기 두뇌활동이 가장 왕성하기 때문입니다. 모든 아이가 저절로 훌륭한 어른으로 성장하기는 어려운 일일 수 있습니다. 하지만 자라면서 끊임없이 좋은 자극을 받은 아이들이 훌륭한 인격체로 성장하는 건 지극히 당연한 일 아닐까요?

생명자본 학습 프로그램이란 마을에서 흔히 볼 수 있는 자연자본, 역사자본, 환경자본과 따스함이 묻어 있는 사람들의 경험자본을 학습으로 연계한 것입니다. 가령 마을학교에서 윤동주의 시를 배우고 자란 어린이가 정치인, 법률가, 기업인, 의사로 성장한다면 인문학적 소양을 갖춘 전문가가 되겠죠. 문화적 자본이 풍부한 이런 인재를 일컬어 '창발형 미래 인재'라 부릅니다.

우리는 리더가 올바른 인성을 갖추지 못할 때 사회가 큰 혼란에 빠지는 걸 종종 보아왔습니다. 그들은 오로지 금융자본만을 선택의 기준으로 삼기 때문이죠.

마을학교에선 제도권 교육에서 충분히 미치지 못하는 인성 발달에 주안점을 둡니다. 아이들은 마을 어른들에게 삶의 지혜를 배우고 자연의 이치를 깨치면서 신뢰와 관용, 협력, 자발성, 개척 정신을 몸으로 터득할 수 있게 되죠. 이러한 신체지^{身體知}가 생활 속에서 스며들어 자연스럽게 학습의 소재가 되는 마을을 생명자본마을^{vita-viillage}이라 합니다.

나와 너, 우리와 우리가 연대하는 생명공동체

외국에선 우리나라처럼 간판이 현란한 나라도 보기 드뭅니다. 사람들은 무심코 오가는 거리 풍경에서 온갖 종류의 자극을 받게 됩니다. 창의적이고 발전적인 자극일 수도 있지만 내면을 혼탁하게 하는 부정적인 자극일 수도 있습니다. 실제로 빨간색 간판이 많은 지역의 범죄율은 그렇지 않은 도시보다 훨씬 높다고 하는 연구 결과가 있습니다.

주민이 주도적으로 마을을 가꾼다면 발전적인 상상을 가로막는 획일화된 간판이 난무할 리가 없겠죠. 미술적 감각이 뛰어나거나 관련학과를 공부한 주민이 있는 마을에선 거리 풍경을 다양하게 디자인할 수 있을 것입니다. 대학과 연계해서 미용실 간판에 독특한 문양을 새긴다든가 설렁탕집 간판이나 메뉴판에 그 지역 특색을 가미한 멋진 디자인을 꾸며줄 수도 있겠죠. 단, 여기엔 금전이 오가지 않습니다. 미용실이나 설렁탕집 주인은 프로젝트에 참여한 이들에게 특별 할인가를 적용해 주는 등 나름의 방식으로 보답하면 됩니다. 그러면 상대는 또 고마워서 지인을 손님으로 소개할 수도 있겠죠. 자연스레 상부상조가 일어나는 겁니다. 더 나아가서 아름답게 디자인한 특정 거리의 이미지를 다른 마을에서 벤치마킹할 수도 있지 않을까요?

생명자본주의가 지닌 위대한 특성은 상생의 지혜를 깨우쳐 준다는 점에 있습니다. 지역의 주민과 주민, 상인과 상인, 마을과 마을이 연대를 이뤄 공통의 문제를 해결할 수도 있죠. 이럴 때 우리가 상상할 수 있는 이상의 시너지가 일어납니다.

주민들끼리 관계가 좋은 마을에서는 정보교환이 활발해져 위기 극복에 강한 특성을 나타냅니다. 반면, 이웃 간에 사사건건 대립이 잦은 마을에선 간단히 해결될 문제도 갈등으로 격화되어 심각한 분쟁을 일으키는 경우가 다반사죠. 미국의 저명한 정치학자이며 사회학자인 로버트 퍼트넘$^{\text{Robert David Putnam}}$은 이에 대해 의미 있는 결론을 도출합니다. 경제적으로 윤택한지 아닌지에 상관없이 결국은 인간관계가 잘되어 있는 마을, 즉 사회적 자본이 풍부한 마을공동체만이 사람들에게 행복을 가져다준다는 것입니다. 퍼트넘은 이 연구로 노벨경제학상을 수상하기도 했습니다.

생명자본이 넘쳐나는 마을에서 누리는 특별한 행복

자연자본과 문화자본이 공동체의 이익과 주민의 행복을 지향하며 유기적으로 작동할 때 그곳은 생명자본마을이 됩니다. 사람들이 서로 차이를 인정하며 간섭하지 않고 조화롭게 살아가는 마을이죠.

푸리에$^{Fourier,\ Charles(1772~1837)*}$는 프랑스 혁명의 와중에서 중요한 성찰을 얻었습니다. 수천 년을 전해 내려온 소크라테스와 아리스토텔레스의 철학이 제대로 영향을 미쳤다면 어떻게 이런 일이 벌어질 수 있는가. 교육을 어떻게 했기에 히틀러는 600만의 유대인을 학살했는가.

나치 독일과 프랑스 혁명을 겪은 사람들에겐 어떤 교육이나 종교, 철학도 구원이 되지 않았다는 걸 깨우친 푸리에는 우애와 협동에 기반한 사회주의적인 공동체를 주창했습니다. 언제든지 가입할 수 있고 언제든지 뛰쳐나올 수 있는 커뮤니티 안에서 함께 일하고 돕는 공동체가 바로 푸리에가 꿈꾼 이상적인 사회주의의 모습이었습니다.

---

* 프랑수아 마리 샤를 푸리에(François Marie Charles Fourier, 1772~1837)는 19세기 초 프랑스의 공상적 사회주의자이다. 산업혁명의 여파로 생긴 빈부의 차별, 노동자 계급의 빈곤 문제가 현저하게 두드러진 상황에서 종교적, 도덕적, 인도적 견지에서 가난한 자를 구제하여 불평등을 제거해야 한다고 믿었다. 1837년에 여성주의(feminisme)라는 단어를 최초로 사용한 철학자로도 유명하다.

개인의 비인격화를 방지한다는 대의명분에 입각한 푸리에의 사상은 수많은 논쟁을 불러일으켰습니다. 대표적인 인물이 마르크스$^{Karl\ Max(1818\sim1883)}$였죠. 시대가 지나면서 마르크시즘이 오히려 이상적인 것이고 푸리에의 사상을 현실적인 사회주의로 보는 견해가 주를 이루었습니다.*

여기서 굳이 푸리에의 사상을 논하는 까닭은, 인간에게 내재한 다양한 속성에도 불구하고 행복에 대한 추구가 삶의 본질임을 지적한 부분이 생명자본주의와 궤를 같이하기 때문입니다.

생명자본 학습의 주체는 첫째도 주민, 둘째도 주민입니다. 주민들이 바흐를 좋아하면 그의 생애와 음악적 특성을 이해하기 위한 프로그램을, 피카소를 좋아하면 그의 예술세계를 공부하는 프로그램을 제공하는 식입니다. 물론 해당 프로그램을 맡을 강사 양성 프로그램의 대상도 주민이 1순위가 됩니다.

살다 보면 멀리 있는 친척보다 가까운 이웃사촌이 더 절실할 때가 있죠. 집에 혼자 있다가 갑자기 아파서 병원에 갈 일이 생기면 누구한테 도움을 청할까요? 119를 부를 수도 있지만 곁에서 보살펴줄 사람이 없다면 골든타임을 놓쳐버릴 수도 있습니다. 아이들만 있는 집에 화재나 가스 누출 사고가 일어날 수도 있죠.

---

* 푸리에가 옹호한 사회는 자급자족하고 독립적인 "팔랑그스(phalanges)"로 일은 자발적이었고 생산된 상품은 팔랑그스의 재산이었다. 단, 조합원에게 시급을 지급하고 사유재산과 상속을 허용했다. 푸리에의 전제는 사람들이 정부의 개입 없이 자연 상태에서 조화롭게 살 수 있다는 것이었다.

이럴 때 가장 절실한 건 따뜻한 이웃의 정情입니다. 한국인은 서로 도와가며 살아가는 상부상조의 미풍양속을 지닌 민족입니다. 이런 걸 사회적 자본이라 하죠. 과거에는 당연시되던 문화가 점점 사라져가는 건 안타까운 일이 아닐 수 없습니다.

사회적 자본을 형성하기 위해서는 이웃끼리 활발한 소통이 필요합니다. 주민 전체가 참여하는 평생학습 프로그램은 학습을 매개로 주민 간의 소통을 자연스럽게 만들고 이 과정에서 사회적 자본도 더 크게 확산합니다.

마을에서 남한산성 관광을 간다고 가정해 볼까요? 역사를 잘 아는 주민이 남한산성의 숨겨진 이야기, 세상에 알려지지 않은 비화 등을 소개하면 작지만 특별한 역사 나들이가 됩니다.

여기서 중요한 건 최소한의 참가비를 받고 놀이식으로 프로그램을 운영하는 것입니다. 지방자치단체는 이 경우 마을의 전문가에게 소정의 사례를 지원해주면 됩니다. 외부 전문가에게 지급하는 강사료보다는 적더라도 마을 안에서, 그것도 이웃 간에 이루어지는 학습은 훨씬 남다른 의미와 재미, 가치가 있지 않을까요?

'따로'와 '서로'가 합쳐 공동체의 행복을 만들어가는 마을

주거 공간으로서의 아파트는 '분리하다'라는 뜻을 가진 'a

part'에서 생겨난 말입니다. 반대는 홈^{home}을 뜻하는 컴파트먼트 compartment입니다. 이 둘의 차이를 알면 생명자본마을, 즉 비타 빌리지가 왜 필요한지 알 수 있습니다.

아파트는 현관문 하나를 사이에 두고 이웃과 마주 보는 구조로 되어 있죠. 그 안에서 각양각색의 생활방식과 개성, 재능을 지닌 다양한 사람들이 분리되어 살고 있습니다. 사람들은 서로 모여서 사는 것을 좋아할 수도 있고 혼자만의 독립된 생활을 좋아할 수도 있습니다. 아파트가 비타 빌리지로 성공하려면 '따로'와 '서로'가 합쳐서 시너지를 내는 프로젝트가 필요합니다.

지금의 아파트는 이웃과 철저하게 단절되어 있습니다. 가족끼리도 자기 방에 들어가면 그만입니다. 컴파트먼트는 개개인이 독립되어 있으면서도 서로 유기적인 관계로 이어져 있습니다. 개인의 프라이버시를 침해하지 않으면서 같이, 함께 살아가는 커뮤니티를 형성할 수 있는 건 아파트가 아닌 컴파트먼트죠. 따라서 비타 빌리지를 만들어가는 프로젝트 진행 단계에서 남다른 철학이 요구되는 것이고 레벨 별로 설계가 필요합니다.

우선 주민들의 프라이버시를 지켜가며 동참할 수 있는 프로그램을 개발해야 합니다. 마을, 대학, 지자체가 연계해서 아파트를 중심으로 한 학습 프로그램을 6개월 정도 시범적으로 운영할 수도 있습니다. 시민들이 지역 행정이나 정책 이슈, 주민복지에 대해 지혜를 모으는 장을 만들어 주는 겁니다.

하지만 예산이 없으면 프로그램을 진행할 수가 없게 됩니다. 학습아파트 같은 서비스 사업은 기존의 예산에 포함된 사업이 아니기 때문에 성공하기 어려운 측면이 있습니다. 계획이 필요한 이유입니다. 사업을 어떻게 가시화해서 예산을 확보하느냐에 따라서 프로그램의 성패가 갈라지는 거죠.

비타 빌리지 프로젝트가 입소문을 타면 예산을 확보하는 게 그리 어렵지 않습니다. 공무원들도 정책의 궁극적인 목적이 주민의 행복 추구라는 사실을 잘 알고 있기 때문입니다. 비타 빌리지 프로젝트로 주민 만족도가 향상되면 예산 편성에 우선순위를 두는 게 당연한 이치입니다. 관련 공무원이 생명자본에 대한 개념이 확고한 경우엔 더더욱 적극적인 지원이 이루어질 것입니다. 주민들도 비타 빌리지의 혜택을 누리면서 점차 그 가치를 이해하게 됩니다. 이러면 적은 금액일지라도 아파트의 관리비에 비타 빌리지 운영비를 포함할 수도 있습니다. 아파트의 폐지 판매비를 비타 빌리지 운영비로 활용하면 주민들이 필요로 하는 거의 모든 프로그램을 운영할 수 있을 겁니다.

아파트 주민들끼리 목공이나 돌봄 등 필요한 일을 품앗이로 해결하거나 지역화폐로 대가를 지급하는 프로그램도 생각해 볼 수 있습니다. 같은 아파트에 거주하는 이웃끼리 상부상조하게 되니 사기나 범죄 같은 불상사가 생길 염려도 없습니다.

커뮤니티가 활성화되면 다 함께 즐기면서 일하는 주말 프로그램 또는 미술, 음악, 역사 해설 프로그램 같은 교양 강좌를 운영할 수도 있습니다. 이때 도시락이라든가 비품 등을 주민들끼리 협업해서 조달한다면 아파트라는 폐쇄된 공간이 일자리 창출의 기능까지 담당하게 됩니다.

나와 내 가족의 미래를 위한 비타 빌리지

스웨덴에서는 한 아파트에 사는 고등학생들이 독거노인을 위해 책 읽어주는 봉사활동을 합니다. 이 과정에서 자연스럽게 워크 쉐어링Work sharing이 이루어집니다. 책을 소리 내서 읽는 것은 이해력 향상에 굉장한 도움이 되기 때문에 학생들은 봉사활동을 하면서 자기 공부를 하게 되고, 소외감과 우울증에 시달리는 독거노인들은 손주뻘 아이들과 소통하면서 정서적 안정감을 찾게 됩니다.

우리나라도 몇몇 지방자치단체에서 청소년과 어르신이 전화로 통화하는 프로그램을 운영하고 있습니다. 이러한 프로그램은 청소년의 정서 함양과 어르신들의 정신 건강에 매우 효과적이지만 정부는 아직도 사회복지사들만 어르신의 정신건강을 돌볼 수 있는 전문가라는 틀에서 벗어나지 못하고 있습니다.

지역사회 내 수많은 어르신을 소수의 사회복지사가 보살피기엔 무리가 따릅니다. 세대와 세대를 이어주는 아주 간단한 방법으로도 그 지역사회는 생명자본이 흐르는 커뮤니티가 되고 건강하게 나이 들어가는 어르신이 늘어나게 됩니다. 또 그렇게 고운 인성을 갖춘 미래의 인재가 양성됩니다.

지금 우리는 두 가지 세상을 살고 있습니다.

AI가 만드는 가상현실과 실제 우리가 살아가는 세상.

한편에서는 디지털 문명이 인간의 일자리를 없앨 것이라고 걱정합니다. 하지만 사이버 세상이 현실 세계를 대신할 순 없죠. 일자리의 개념이 바뀌거나 종류가 다양해질 순 있겠죠. 이어령 박사는 이런 말을 했습니다.

"한국인이 어떤 민족입니까? 6.25 전쟁 때 미군이 마시고 버린 맥주 캔을 펼쳐서 학교 지붕을 만든 민족입니다. 군인들은 전쟁터에서도 공부했습니다. 이걸 보고 미군들은 입을 떡 벌렸죠. '모레'나 '글피'는 한자나 영어에는 없는 말입니다. 어제오늘이 힘들어도 모레, 글피를 준비하면서 가장 어두운 시간을 견딘 게 우리 민족입니다."

이제 우리의 고유한 문화적 특성인 신명을 바탕으로 전혀 다른 차원의 생명자본, 비타 빌리지를 만들어갈 때입니다. 비타 빌리시는 공무원과 주민이 서로 힘을 합칠 때만이 지속가능한 생명력을 갖습니다.

평생학습은 생명을 가진 자본입니다. 공무원은 지역 내 전문가

집단을 특정 사업의 용역을 맡은 '을'이 아니라 우리 사회를 풍요롭게 해줄 고마운 생명자본이란 사실을 잊지 말아야 합니다. 또한 전문가 집단은 공동체의 미래 행복을 추구하는 평생학습이라는 생명자본을 소중히 여겨야 합니다. 우리보다 못사는 나라를 위한 국제협력 사업도 생명자본인 평생학습을 중심으로 전개해야 할 때입니다.

지금 우리가 사는 마을의 미래는 우리 아이들의 미래입니다. 비타 빌리지에서 자라게 될 아이들을 상상해보십시오. 그 자체로 우리에겐 희망이 되지 않을까요?

2부

생명자본의 종자를 심다

Vita Capitalism

생명자본의 철학과 가치

우리가 있기에 내가 있다

닥 리버스^{Doc Rivers}는 미국 프로농구의 전설적인 감독입니다. 어느 날 한 기자가 그에게 매번 팀을 승리로 이끈 비결을 물었습니다. 그는 대뜸 팀 구호인 "우분투^{Ubuntu}!"를 소개하면서 이렇게 대답했답니다.

"내가 잘한 게 아니고 우리가 잘한 거죠."

남아프리카 줄루족 언어로 우분투는 '우리가 있기에 내가 있다'라는 뜻이라고 합니다. 인간은 혼자서는 살아갈 수 없는 존재라는 것이 우분투의 정신입니다. 노벨평화상 수상자인 데스몬드 투투^{Desmond Mpilo Tutu} 대주교는 이를 다음과 같이 설명합니다.

"우리는 누군가를 굉장히 칭찬하고 싶을 때 '우분투가 있다'고 말합니다. 그런 사람은 관대하고, 친절하고, 상냥하고, 사려 깊고, 공감 능력이 있으며, 자기 안의 무언가를 다른 사람과 나눕니다. 그리고 이렇게 말합니다. "나라는 사람은 당신이라는 사람과 끊어질 수 없이 연결되어 있습니다."라고."

우분투는 남아프리카 공화국의 건국 이념이기도 합니다. 넬슨 만델라Nelson Rolihlahla Mandela는 '자신을 위해 일하지 말라는 게 아니라, 더 나은 공동체를 위해 일하다 보면 그 공동체에 속한 자신의 위치가 그만큼 올라가게 된다는 것이 우분투 정신'이라고 말했습니다. 공동체를 위해 일하는 것이 곧 자신의 삶의 가치를 위해 일하는 것임을 설파한 것이지요.

한 인류학자의 유명한 일화가 있습니다.

아프리카 부족의 생활상과 관습을 연구하던 그 인류학자는 현지 아이들에게 달리기 시합을 제안했습니다. 아이들이 좋아하는 먹거리를 나무에 매달아 놓고 제일 먼저 도착한 아이가 먹게 하는 게임입니다.

곧 놀라운 상황이 벌어졌습니다. 함성을 지르며 앞다퉈서 뛰어갈 줄 알았던 아이들이 모두 손을 잡고 나무 앞으로 가는 것입니다. 그리곤 공평하게 음식을 골고루 나눠 먹었습니다.

1등을 하면 혼자서 먹거리를 다 차지할 수 있는데 어째서 다 같이 움직인 걸까요?

인류학자가 이유를 물었습니다. 그러자 아이들은 '우분투!'를 외치면서 이렇게 되물었답니다.

"다른 사람이 슬픈데 어떻게 한 명만 행복해질 수 있나요?"

이 아이들은 작은 철학자들입니다. 모두의 재능을 나누면 공존과 상생의 길이 열린다는 진리를 가슴으로 터득한 것이지요. 우리가 그리는 생명자본마을, 비타 빌리지의 이상적인 모습도 이와 같습니다.

효용가치가 아닌 등가교환가치

지난 수년간 지속적인 사회문제로 거론되고 있는 시간강사 처우 문제는 경제활동에서 한계효용의 법칙이 제대로 지켜지지 않은 대표적인 사례라 할 수 있습니다. 한계효용의 법칙은 상품의 가치가 이를 생산해내는 데 필요한 노동시간에 따라 결정된다고 하는 노동가치설에 대비되는 개념으로, 이를 소유하고자 하는 개인의 주관적 만족도를 상품 가치의 기준으로 삼는 이론입니다. 가령 대학에서 이루어지는 강의의 경우는 학생들의 주관적 만족도가 교수나 시간강사에 대한 가치 기준이 되어야 한다는 것이지요.

대학에 따라 차이가 있지만, 시간강사가 한 시간 강의료로 받는 금액은 대략 5만 원에서 15만 원 정도입니다. 하지만 이 시간강사가 정규 교수가 되면 같은 과목을 강의하더라도 급여는 몇 배로 급상승합니다. 강사로서 제공한 강의의 질이나 교수가 되어서 제공하는 강의의 질에는 차이가 없어도 우리 사회는 교수의 자격을 가진 사람의 강의에 훨씬 더 많은 가치를 부여하는 것입니다. 가르치는 사람의 지식을 소유하고자 하는 학생들이 부여할 가치를 교수사회라는 특정 이익집단이 결정하는 아이러니한 현상입니다.

시간강사는 교수들에게 주어지는 연구실이나 복리후생 제도의 혜택이 주어지지도 않고 방학 중에는 급여가 없습니다. 방학 중에 주는 급여는 대부분 학기 중에 받아야 할 급여를 나눠서 방학 중에 지급하는 것에 불과합니다. 19세기에 이미 러스킨이 주창했던 노동가치설도 적용되지 않고, 그가 그토록 잘못된 것이라고 주장했던 한계효용 법칙도 적용되지 않고 있습니다. 현대의 경제학자들도 설명할 수 없는, 말 그대로 부정의하고 불합리한 원칙 없는 차별이 소위 지성인들의 사회라는 대학에서 벌어지고 있는 것입니다. 러스킨이 울고 갈 일이죠.

생명자본마을에서는 한계효용의 법칙과 노동가치론이 동시에 적용됩니다. 뜨개질 잘하는 주민과 골프를 즐기는 영문과 교수가 함께 사는 마을을 예로 들어 보겠습니다.

교수는 골프채 헤드 커버를 필요로 합니다. 보통의 헤드 커버는 시중에서 10만 원 정도에 거래되는데 누구나 가격보다는 독특한 것을 갖길 원합니다. 주민이 헤드 커버를 뜨개질하는 데 걸린 시간은 2시간, 교수가 외부에서 2시간 강연하고 받는 보수는 60만 원입니다.

교수는 헤드 커버 값으로 주민에게 얼마를 제공해야 할까요?

생명자본마을에서는 교수가 강연하는 2시간이나 주민이 뜨개질하는 데 들인 2시간을 교환 가능한 동등한 가치로 인식합니다. 일반적인 거래와는 다른 차원의 개념이죠. 상호 노력의 가치를 이해당사자인 주민과 교수가 인정하고 받아들이는 방식입니다. 경제적으로는 누군가가 손해라고 할 수 있으나 생명자본마을에서의 생명자본은 경제적 가치 그 이상이기 때문이죠. 교수는 손으로 짠 헤드 커버 값으로 뜨개질한 주민이나 마을을 위해 강의를 제공하면 됩니다.

이와 같이 생명자본마을에선 모든 거래에 반드시 돈이 오가진 않습니다. 마을 사람들끼리의 교환을 위해 생성하는 재화와 용역의 가치는 절대가치에 의해 결정되는 게 아니라 그 재화와 용역을 실제로 사용하고자 하는 주민들의 생명자본에 기반한 상대적 가치에 따라 등가교환$^{equivalent\ exchange}$ 방식으로 이루어지기 때문입니다. 경제적 가치를 전제로 하는 지역화폐도 한계가 있습니다. 많은 지방자치단체에서 사용하는 지역화폐는 실제로 경제적 가치를 지닌 화폐의 일종입니다. 그렇지만 지역화폐는 지역 밖에서는 사용할 수 없는 근본적 폐쇄성을 지니고 있습니다. 예전에 우리 선조들이 품앗이할 때, 땅의 면적이나 투입한 시간, 노동의 종류 따위를 계산하지 않았습니다. 그저 이 집 일이 끝나면 저 집의 일을 같이하곤 한 거죠. 말 그대로 마음에서 우러나와 즐겁게 함께하는 품앗이입니다.

세계는 이미 생명자본의 원리가 작동하는 사회로 전환하고 있습니다. 이제 우리는 경제적 이익보다 마음을 풍요롭게 하는 활동을 통해서 얻는 행복이 더 가치가 크거나 커지는 시대에 와 있는 것입니다.

같은 마을에 사는 대학교수와 뜨개질하는 주민이 골프채 헤드 커버 하나를 매개로 소통하면서 느끼는 행복의 가치는 금전적으로 따질 수 없는 가치를 내포합니다. 교수에게 마을주민이 짜준 골프채 헤드 커버는 남다른 의미를 지닐 수밖에 없습니다. 주민의 마음이 담긴 헤드 커버는 전 세계에서 유일한 물건일 테니까요. 주민 역시 시장에서 모르는 사람에게 물건을 팔아서 돈을 벌었을 때보다 한결 뿌듯한 행복감을 느낄 수 있습니다. 장점을 재능으로 인정해주고 나누는 과정을 통해 서로에 대한 신뢰가 깊어지면서 이웃 간에 싹튼 정이 그 어떤 가치보다 큰 가치를 발휘하는 것이죠.

마을은 나눔의 선순환을 이룰 수 있는 최적의 공간입니다. 지식의 전달이 주목적인 외부 강의는 강연 제공자와 청중의 관계가 거래적 관계로 한정되는 경우가 대부분입니다. 하지만 마을 안에서 이루어지는 강의는 공동체라는 소속감을 공고히 하고 신뢰감이 향상되는 등의 부수적인 효과가 더 크게 나타납니다. 노동가치론과 한계효용의 법칙이 동시에 적용되는 마법이 일어나는 것입니다. 이전투구식, 아전인수식 자기주장으로 서로가 대립하는 삭막한 사회로 바뀌는 것을 막을 수 있는 훌륭한 대안이 되는 것이죠.

김치 잘 담그는 주민이 도예가인 주민과 등가교환 방식으로 재능을 나눠 쓸 수도 있습니다. 꼭 등가가 아니어도 됩니다. 주고받는 사람이 서로 행복하면 되니까요. 물자나 돈이 아니라 마음으로, 정으로 주고받는 문화가 있는 마을이 우리가 가꿔야 할 생명자본마을입니다.

최근 음식값 대신 받은 그림에 관한 감동적인 사례가 외신을 통해 전해졌습니다. 사연은 이렇습니다. 1970년대 캐나다의 온타리오주에서 작은 식당을 운영했던 한 부부는 지역의 화가나 공예가들에게 음식을 제공하고 돈 대신 그들의 작품을 받곤 했습니다. 가난한 예술가들의 속사정을 너무나 잘 알고 있기도 했지만, 부부가 예술을 사랑했기에 거래는 아주 자연스럽게 이루어졌답니다. 가난한 예술가들에겐 한끼 식사가 필요했고 식당 주인 부부에겐 실내를 아름답게 장식할 그림이 필요했던 것이죠.

이 마을에는 영국인 무명화가 존 키니어가 아내와 함께 머물고 있었습니다. 어느 날 키니어는 2달러짜리 샌드위치를 주문하면서 자신이 갖고 있던 그림 6점 가운데 하나를 음식값으로 고르도록 했습니다. 식당 주인 부부가 고른 작품은 빨간 옷을 입은 운전사가 트럭을 몰고 가는 밝고 따뜻한 느낌의 그림이었습니다.

그런데 여기에도 사연은 있었습니다. 그 그림을 그린 화가는 루이스라는 캐나다의 여성 화가였는데 다른 화가들이 쓰다 버린 물감을 주워다 쓸 정도로 형편이 어려웠습니다. 류마티스 관절염을 심하게 앓아 손을 제대로 쓰지도 못했죠. 그녀의 따스한 그림에 매료된 키니어는 물감과 화구를 제공하며 계속 그림을 그릴 수 있도록 도왔습니다. 루이스는 키니어에게 감사의 편지와 함께 자신의 그림 몇 점을 선물했다고 합니다. 식당 주인 부부가 고른 그림이 그중 하나였습니다.

루이스는 1970년 67세를 일기로 세상을 떠났고 2013년 그녀의 일생을 그린 영화가 개봉되었습니다. 어느덧 노년에 이른 식당 주인 부부는 젊은 날의 추억이 담긴 그림을 50년간 소중히 간직하다 경매에 내놓았습니다. 그리고 이때 기적이 일어났습니다. 2달러짜리 샌드위치값 대신 받은 루이스의 그림 '검정 트럭'이 감정가의 10배가 넘는 27만 2,548달러에 낙찰된 것입니다. 선한 마음이 생명자본으로 돌고 돌아 감동적인 스토리가 탄생했습니다. 안타깝게도 존 키니어는 이미 세상을 떠난 뒤였다고 합니다. 만일 그가 살아 있었다면 루이스의 성공과 식당 주인 부부의 행운을 자신의 일처럼 기뻐하지 않았을까요?

"당시엔 그림과 음식을 바꾸는 게 특이한 일이 아니었습니다. 우리는 서로를 어떻게 도울지를 생각했습니다. 이웃들은 음식값을 후하게 쳐준 것이고, 그 대가로 우리는 우리가 할 수 있는 것들을 베풀었습니다."

식당 주인 부부가 언론 인터뷰에서 밝힌 내용입니다. 효용가치론과 노동가치론이 동시에 적용된 가슴 따뜻한 결말입니다.

다름은 집단지성의 원천

집단지성collective intelligence이란 다수의 개체가 서로 협력하거나 협업으로 얻게 되는 문제해결 능력을 말합니다. 협업지성, 공생적 지능이라고도 합니다. 소수의 뛰어난 개인이나 전문가의 능력보다 다양성과 독립성을 지닌 집단의 통합된 지성이 더 나은 결론을 도출해낸다는 것이 이론적 배경입니다.

예를 들어 마을의 구성원 A는 주식과 펀드라는 정보를 가졌고, 구성원 B는 주식과 역외투자라는 정보를 가졌다면 A는 역외투자, B는 펀드라는 새로운 정보를 습득할 수 있게 됩니다. 결과적으로 A와 B는 주식, 펀드, 역외투자라는 정보를 모두 갖게 되는 것이죠. 이는 정보의 특성이 부여한 특혜입니다. 내가 알고 있는 것을 남에게 알려줘도 기존에 알고 있던 지식은 사라지지 않으면서 고스란히 전파됩니다. 그리고 이때 집단지성의 시너지가 발현됩니다.

만약 A와 B가 같은 정보를 가지고 있으면 새로운 배움이 일어날 수 없습니다. A와 B, C와 D가 서로 다른 정보를 공유할 때 각각의 정보가 확산하면서 가치와 영향력을 키워갈 수 있게 됩니다.

집단지성은 국민소득과도 관계가 있습니다. 국민소득이 3만 달러를 넘는 경우 집단지성이 세계 평균을 넘지 않는 나라는 거의 찾아볼 수 없습니다. 특히 남녀차별이 심한 나라에선 여성의 사회적 참여를 봉쇄함으로써 인구의 절반이 지닌 재능을 무용하게 만들고 결과적으로 사회적 자본형성에 쓰일 기회를 차단하기 때문에 집단지성을 기대하기 어렵습니다. 그래서 남녀차별이 심한 나라는 경제적으로도 어려움을 겪는 것입니다. 극히 이례적으로 사우디아라비아는 남녀 차별이 존재하고 집단지성 수준이 낮음에도 불구하고 국민소득이 높은 나라로 꼽힙니다. 하지만 전문가들은 이것이 원유 판매에 따른 현상일 뿐이고 원유가 고갈되면 이 나라의 국민소득이 급격히 떨어지는 건 시간문제라고 경고합니다.

뉴욕대학교 글로벌 연구소의 리처드 플로리다$^{Richard\ Florida}$ 교수는 자신의 저서 『창조적 계급$^{Creative\ Class}$』에 창조적 계급이 몰려드는 도시의 세 가지 특성으로 3T를 내세웠습니다. 플로리다 교수에 따르면 창조적 계급은 수준 높은 재능을 지닌 인구^{Talent}, 다양성을 존중하는 관용^{Tolerance}, 첨단기술 능력^{Technology}을 갖춘 도시에서의 거주를 선호합니다. 그리고 그는 세 가지 요소 중 특히 관용성에 방점을 찍었습니다. 개인의 다양성에 대한 배려가 창조적 계급인 초일류 인재를 끌어당기는 가장 강력한 힘이라는 것입니다.

지역에서 인재와 기술을 인위적으로 확보하는 데는 한계가 따를 수밖에 없습니다. 하지만 관용의 문화는 구성원들이 노력하기에 달려 있습니다. 어떤 주장이 틀렸거나 해롭다는 이유로 표현 자체를 봉쇄해선 안 된다고 하는 게 톨레랑스^{tolerance}, 즉 관용의 정신입니다.

톨레랑스는 다름은 틀림이 아니라는 생각에서 출발합니다. 생활방식과 사고방식이 다르고 문화가 다름을 인정하지 않을 때 갈등이 생기고 분쟁이 일어납니다. 나와 생각이 다르다고 해서 상대가 틀렸다고 할 순 없습니다. 단지 관점이 다를 뿐입니다. 우리는 다양화되고 다원화된 사회 속에 살고 있습니다. 스스로가 아무리 뛰어나도 다른 사람과의 협업을 이루지 않고는 발전을 기대할 수 없습니다.

생명자본마을에서 살아가는 사람들은 다름을 가치 있게 활용할 방안을 모색합니다. 그리고 이러한 환경에서 자란 아이는 사고에 막힘이 없습니다. 다름은 배척의 대상이 아닌 이해의 대상이고 새로운 가치의 원천임을 생활 속에서 자연스럽게 깨우치기 때문이죠. 글로벌 리더는 이 아이들의 미래입니다.

약한 연계의 강한 힘

"약한 연계의 강함에 대해 논하시오 Discuss the strength of weak ties."
미국의 한 대학의 대학원 사회학 기말고사에 나온 시험 문제입니다. 약한 연계가 강한 연계보다 강하다? 얼핏 듣기엔 앞뒤가 안 맞는 말이라 선뜻 이해가 안 갑니다. 수업을 들었던 말레이시아와 태국 유학생들, 미국 대학원생들조차 고개를 갸우뚱하며 저마다 다른 해석을 내놓았습니다. 알고 보니 그 문제는 그라노베터 Mark Granovetter가 1973년 발표한 논문 '약한 연계의 강함'에 관한 것이었습니다. 강한 연계 strong ties와 약한 연계 weak ties에 관한 연구로 아직까지도 현대의 사회적 현상과 사람들과의 관계를 이해하는 데 지대한 영향을 끼치는 논문입니다.

이전의 사회학자들은 친한 친구나 가족 등 가까운 사람들과 맺는 친밀한 관계가 개인의 행복을 좌우한다고 주장했습니다. 그라노베터는 성장 과정이나 교육 배경이 겹치는 부분이 많은 강한 연계보다 간헐적으로 소통하는 지인들로 이루어진 약한 연계의 양적 측면에 주목했습니다. 직장이나 일자리 등 새로운 정보가 필요한 상황에선 강한 연계보다 약한 연계가 더 강력한 힘을 발휘한다는 것이죠. 한 연구에 의하면 보스턴에 있는 282명의 노동자 가운데 84%가 가끔 마주치는 정도의 '약간 아는 지인'을 통해 직업을 얻었으며, 친한 친구를 통해 일자리를 얻은 경우는 극히 소수에 불과했다고 합니다. 이에 대해 그라노베터는 다음의 결론을 내렸습니다.

"많은 시간을 함께 보내는 사람들은 같은 집단 안에서 자신에게 유용한 정보를 얻는다."

요컨대 강한 연계를 가진 사람에게서 얻을 수 있는 정보는 한정되어 있다는 것입니다.

한국인의 DNA에는 강한 연계를 중시하는 특별한 정서가 새겨져 있는 건지도 모르겠습니다. 해외로 이민을 가면 공항에 마중 나오는 사람이 누구냐에 따라 그 사람의 직업이 결정된다고 합니다. 모든 게 낯설 수밖에 없는 처지에서 처음 대화를 나누거나 호의를 베푼 상대와 강한 연계를 맺기 때문입니다. 그 강한 연계 덕분에 비교적 수월하게 정착할 수 있는 장점이 있는 반면, 다른 한편으로는 처음부터 자신이 지닌 지식, 경험, 전문성을 살릴 기회를 상실하게 되는 거죠.

우리 유학생들의 경우 공항에 내리는 순간부터 한국 유학생 커뮤니티의 강한 연계가 끈끈한 연대 의식을 발휘합니다. 상대가 모르는 사람이더라도 먼저 유학 온 같은 대학의 한국 사람이 공항에 마중을 나가고 아파트 계약, 전기와 전화, TV 개통, 자동차를 계약하는 문제에 이르기까지 초보 유학생들에게 필요한 제반 사항에 도움을 주는 걸 당연시합니다.

미국의 지역사회에는 신규 전입자 클럽new comers'club이 활발히 작동하는 경우가 많습니다. 새로 이사 온 이웃의 안정적인 정착을 돕기 위해 지역민들이 주도하는 모임입니다. 오랫동안 그곳에 살던 사람들이 이주민과 '그냥 서로 아는 정도'의 약한 연계를 형성하고 그때그때 필요한 조언이나 도움을 주는 일종의 사회안전망이죠.

주로 한국인 유학생 커뮤니티에만 의존해서 미국 생활을 시작한 이성공 박사는 유학 중에 아찔한 일을 겪게 되었습니다. 한국 유학생들의 송별 행사에 참석하고 있던 날이었는데 집에선 큰 아이가 심한 탈수 증세를 보였습니다. 부인은 워낙 경황이 없어 911에 긴급 구조를 요청할 생각도 할 수가 없었답니다. 게다가 미국에서 응급차를 부르면 수백만 원에 달하는 비용을 감당해야 했기에 유학생에게는 크나큰 부담이었습니다. 자동차가 없는 부인으로선 눈앞이 캄캄했을 겁니다. 마침 집 근처를 지나던 외국인 주민의 도움으로 위기를 모면했으나 이성공 박사는 지금도 그때를 생각하면 가슴을 쓸어내리곤 합니다.

이 경험은 그에게 많은 것을 생각하게 했습니다. 그의 가족이 살던 지역은 다양한 인종이 모여 사는 주택 단지였습니다. 평소 그의 가족은 한국 유학생 사회와 강한 연계에 집중한 나머지 이웃에 사는 외국인과의 교류가 거의 없었습니다. 한국인들과의 끈끈한 유대관계에 쏟았던 관심의 극히 일부라도 이웃에 사는 외국인들에게 주었더라면 그의 아내는 응급상황에서 이웃에게 먼저 도움을 청할 수도 있었을 것입니다. 서로 이질적인 문화에 속하는 사람들과 맺는 약한 연계의 강한 힘을 깨우친 계기가 된 사건이었습니다.

 미국에서의 대학 생활에서도 인간관계가 무엇보다도 중요합니다. 특히 대학원 생활에 있어서 교수와의 관계 형성은 매우 중요한 몫을 차지합니다. 우리나라처럼 상하 관계가 아닌 수평적 주체로서의 관계 형성을 말하는 것입니다.

 "혹시 한국으로 돌아가 자리를 잡지 못하면 미국으로 다시 와서 박사 후 과정을 밟지 않을래요?"

 약한 연계에 관한 시험이 끝난 후 담당 교수가 이 박사에게 전혀 뜻밖의 말을 꺼냈습니다. 자신의 사례를 바탕으로 작성한 이 박사의 답안지에 대단히 만족한 결과 이런 제안을 했던 것이죠. 미국에 다시 돌아가지는 않았지만 그 교수의 배려는 너무나 감사한 것이었습니다.

 미국에서 태어난 둘째 아이도 그가 유학했던 대학에서 공부했습니다. 옛날 그에게 약한 연계에 대한 문제를 냈던 교수는 아빠를 따라온 교정에서 아장아장 노닐던 두 살배기를 기억하고 있었습니다. 외국 생활이 서툴렀던 아이에게 무엇이든 도움이 필요하면 언제든지 찾아오라는 교수의 말은 그 자체로 그의 아이에게 큰 도움이 되었다고 합니다. 밥 한번 같이 먹은 적이 없는 관계였지만 그와의 약한 연계는 또한 이렇게 오래 지속되었습니다.

미국 심리과학협회는 사회적 관계 맺음에 대한 사람들의 심리를 분석한 일련의 실험을 통해 흥미로운 사실을 발견했습니다. 사람들은 대부분 타인보다 자신을 더 관대하게 평가한다는 기존의 학설과는 달리 실험 참가자 중 상당수가 자신이 아는 것보다 남들은 자기를 훨씬 더 낮게 평가하는 것으로 인식하고 있다는 점입니다.

예일대학 심리학과 존 뮤서John M. Musser 교수는 이러한 현상을 '호감간극liking gap'이라 하고 이를 영속적이고 유의미한 사회적 관계 맺기를 방해하는 심리적 요소로 지적하고 있습니다.

호감간극은 상대방이 호감을 표시해도 당사자는 알아차리지 못하고 가장 부정적인 상황에 초점을 맞춰 지레짐작으로 스스로에 대한 평가를 떨어뜨리기 때문에 나타난다고 합니다.

새로운 관계 맺기에서 중요한 건 나에게 호감간극이 있다는 점을 인식하는 것입니다. 상대는 내가 생각하는 것보다 나를 좋게 보고 있다는 사실을 인지하게 되는 순간 약한 연계의 가능성이 열립니다. 호감간극이 낮을수록 약한 연계를 더 쉽게 많이 형성할 수 있습니다.

영국 에섹스대학에서 심리학을 가르치는 길리언 샌드스트롬Gillian Sandstrom 교수는 대학 시절의 경험을 통해 약한 연계 안에서의 우연한 만남이 정신건강에도 도움이 된다는 사실을 깨우쳤습니다. 평상시 자주 지나치는 핫도그 가게 점원에게 웃으면서 인사를 건네곤 했는데 대화를 나눈 사이가 아니었음에도 그 점원이 자신을 기억하고 있으며 서로 유대감을 쌓고 있다는 느낌이 들면서 기분이 매우 좋더라는 겁니다.

이후 샌드스트롬 교수는 약한 연계 안에서의 상호작용을 조사한 결과 매우 유의미한 시사점을 발견했습니다. 사람들은 매일 같이 생활하는 가족들보다 출퇴근길에 만난 이웃, 바리스타, 요가 수업의 회원 등 약한 연계를 가진 이들과의 일상적인 상호작용에서 더 큰 행복감과 에너지를 얻는다는 것입니다.

이유가 뭘까요?

약한 연계로 맺어진 이웃끼리의 가벼운 대화는 심리적으로 부담이 적기 때문입니다. 가끔은 현실이 우울하더라도 조금 다른 기분으로 시간을 보내고 싶을 때가 있습니다. 이럴 때 그리 친하지 않은 친구 같은 이웃과의 대화에선 약간의 과장이나 허풍도 가능합니다. 반면 잘 아는 사람들과의 대화에는 아무리 작은 허세도 끼어들 여지가 없습니다. 그래서 서로를 속속들이 아는 사이라면 편안하게 대화할 수 있을 것 같은데 정작 자신이 힘들 땐 말문을 닫아버리는 경우가 많다고 합니다.

그라노베터의 연구에서도 알 수 있듯이 약한 연계에서는 새로운 정보를 많이 접할 수 있습니다. 이런 관계는 늘 반복되는 일상에 신선한 자극을 줍니다. 강한 연계에서 누군가에게 도움을 베풀면 은연중에 보답을 기대할 수 있지만 약한 연계 안에선 도움의 상호작용이 반드시 요구되지 않습니다. 그런 이유로 오히려 의무감 없는 고마움이 더욱 커지는 것이고 그로 인해 더 큰 행복감을 느낄 수 있는 것입니다.

경제학자이자 미래학자인 제레미 리프킨[Jeremy Rifkin]은 21세기는 보이는 것보다 보이지 않는 것이 중요한 시대라고 했습니다. 하드웨어보다는 소프트웨어가, 소유보다는 관계가, 가진 자와 못 가진 자의 격차보다는 연결된 자와 연결되지 못한 자의 격차가 훨씬 중요한 문제로 작용한다는 것이죠.

우리는 주변 환경에 대해 비교적 정확하고 다양한 정보를 가진 이웃들과 함께 살아가고 있습니다. 맛집을 예로 들어봅시다. SNS상에는 온갖 식당의 정보가 올라옵니다. 그중에는 리뷰에 따른 별도의 서비스 제공이 목적인 경우도 있을 것입니다. 또는 달고 맵고 짠 음식을 좋아하는 청소년의 입맛에 맞춘 식당에 별점이 높게 나오기도 합니다. 아날로그적이지만 평소 알고 지내던 나와 비슷한 식성을 가진 주민이나 서로 신뢰의 관계망으로 형성된 커뮤니티에서 추천을 받은 곳이라면 실망할 일이 거의 없을 겁니다. 아날로그와 디지털이 융합하는 디지로그가 필요한 세상이죠.

주민들끼리 어떤 특별한 목적을 가지고 관계를 맺는 경우는 흔치 않습니다. 따라서 호감간극이 발생할 가능성이 상대적으로 낮은 편입니다. 직장이나 조직에 얽매인 관계가 아니라 구태여 잘 보이려고 애쓰지 않고도 자연스럽게 약한 연계를 형성할 수 있는 것입니다. 강한 연계 1개를 보유할 때보다 약한 연계 5~10개를 유지할 때 사회적으로 더 건강하고 풍요로운 삶을 영위할 수 있습니다.

언제부턴가 한마을, 한 아파트에 살면서도 서로를 알아가는 게 어색한 일이 되어버렸습니다. 이웃과 정을 나눠본 적이 없는 아이가 소통과 연대의 소중함을 알 수 있을까요?

어린아이의 뇌는 태어나서 3세까지 폭발적으로 발달하고 10세 전후로 안정화를 겪는다고 합니다. 이때 아이가 어떤 자극을 받고 어떤 경험을 하느냐에 따라 뇌 발달에 큰 영향을 미칩니다. 또한 자극과 경험을 통하지 않는 뇌의 영역은 사라진다고 합니다. 부모가 이런 무서운 사실을 안다면 그냥 지나칠 수 있을까요? 생명자본마을에선 아이들도 이웃사촌이 됩니다. 옆집에 사는 내 아이의 상급생이 형이나 누나가 되어 학교생활을 보살펴줄 수도 있습니다. 학교폭력과 왕따에 시달리는 우리 아이들에게 몸health

과 마음^{heart}을 함께 키워주는 마을공동체 안에서의 교류가 절실히 필요한 까닭입니다. 건강한 환경에서 자라는 아이들은 뇌가 건강하게 발달하기 때문이죠. 그러므로 약한 연계는 나와 내 가족의 생존을 위한 것이기도 합니다. 그리고 인간의 따스한 본성에 바탕을 둔 생명자본은 그라노베타가 말한 약한 연계를 기하급수적으로 확산시켜 이상적인 공동체의 모습을 만들어가는 탄탄한 기반이 됩니다.

생명자본활동가는 어떤 사람들일까?

존 러스킨은 진정한 의미의 자본은 죽은 자본이 아닌 살아 있는 자본이라고 했습니다. '이 자본이 얼마나 빨리 증식될 수 있을 것인가'가 아니라 '생명의 증식을 위한 이 자본의 역할은 무엇인가?'에 대한 답을 할 수 있어야만 인간다운 인간을 길러내는 사회가 형성된다는 것입니다.

> 생명은 사랑과 환희와 경외가 모두 포함된 총체적인 힘이다. 가장 부유한 국가는 최대 다수의 고귀하고 행복한 국민을 길러내는 국가이고, 가장 부유한 이는 그 안에서 내재된 생명을 다하여 그가 소유한 내적, 외적 자본을 골고루 활용해서 이웃들의 생명에 유익한 영향을 최대한 널리 미치는 사람이다.
>
> 『나중에 온 이 사람에게도』, 존 러스킨, 아인북스

19세기를 살았던 이 위대한 사상가는 이미 생명자본으로 이루어진 세상을 이야기하고 있습니다. 어쩌면 이상에 불과했을지도 모를 러스킨의 생명자본주의를 마을 차원에서부터 실현해보고자 하는 게 우리가 꿈꾸는 비타 빌리지입니다.

유럽은 물론 우리나라에도 10여 년 전부터 생명자본을 중시하는 마을공동체가 운영되고 있습니다. 우리는 자신이 가진 내적, 외적 역량을 이웃과 공동체에 유익하도록 펼치는 이들을 생명자본활동가$^{\text{Vita-Capitalist}}$로 부르기로 했습니다. 생명자본활동가는 존재하지 않는 것을 상상하는 가운데서 새로운 가치를 창출해 냅니다. 단순한 직업인으로서의 활동가가 아니라 그 지역과 '마음이 같이 가는' 역동적인 열정의 선구자, 이어령 전 장관님의 표현대로 사회주의도 아니고 자본주의도 아닌 제3의 영역에서 모두가 행복한 사회를 가꿔나가는 풀뿌리 일꾼들입니다. 우리 주변에는 이런 생명자본활동가들이 곳곳에서 활동하고 있습니다. 다만 각각의 명칭이 다를 뿐입니다. 이 책을 읽고 있는 당신이 마을공동체를 위해 기울이는 노력과 열정이 바로 생명자본활동가의 역할일 수도 있습니다.

생명자본활동가의 특성

생명자본활동가는 무엇보다도 자신이 추구하는 일에 대한 성취 욕구가 강합니다. 글을 쓰는 과정에서 만났던 생명자본활동가들의 특성을 분석해본 결과, 우리는 이들의 정서적 성숙도가 높다는 데 동의했습니다. 무엇보다도 이들은 겸양과 성실, 스스로에 대한 정직성, 공공선을 향한 이타심, 일에 대한 성취 욕구가 강합니다. 이들은 자신의 경험과 재능, 올바른 가치관을 통해 지역사회와 이웃들의 생명에 유익한 영향을 미치고 있는 사람들입니다. 우리가 관찰한 생명자본활동가의 특성은 다음과 같습니다.

역할에 대한 메타인지

교육학에서 자주 등장하는 메타인지란 '자신의 생각에 대해 판단하는 능력'을 의미합니다. 생명자본활동가는 어떤 사건이나 상황이 시간의 흐름에 따라 자신과 지역사회, 국가에 어떠한 영향을 미칠지에 대한 인지적 역량이 뛰어난 사람들입니다. 이를 단적인 언어로는 표현하기 어렵습니다. 메타인지란 다른 사람과의 토론의 결과로 얻어지는 논리적 지식이 아니기 때문입니다. 머리와 가슴이 함께 어우러질 때만이 생겨날 수 있는 인지입니다.

예컨대 시간적 범위에서는 미래에 미칠 영향을 고려하고 공간적 범위에서는 가정, 조직, 지역사회, 국가에 미칠 선한 영향력을 아주 자연스럽게 인식합니다. 또한 서로의 관계를 소중히 여기며 동료, 이웃, 잘 알지 못하는 타인까지 관계적 범위 안에서의 긍정적인 영향과 이슈와 관련된 다른 이슈에 대해 시간적 범위나 대상적 범위를 넓게 보고 고려하는 특성이 있습니다. 사소한 것에 죽자 살자 달려드는 이들과의 대칭점에 있는 사람들입니다. 역할에 대한 메타인지를 통해 적절한 윤리적, 도덕 규칙을 적용하고 학습의 잠재력을 극대화하는 습성이 내면화되어 있습니다. 그래서 생명자본활동가들은 자신들이 메타인지를 하고 있다는 사실을 전혀 인식하지 못하는 경우가 대부분입니다.

가령 지방자치단체에서 주민자치회 활성화를 담당한 공무원에게 당신의 업무가 무엇이냐고 물으면 주민교육과 네트워킹 강화를 통한 사업 활성화 및 안정적 정착이라고 하는 대답이 일반적입니다. 그러나 이 공무원이 생명자본활동가로서의 자신의 업무에 대해 메타인지를 한다면 '공동체의 더 나은 발전에 다른 사람이 이 업무를 담당했을 때보다 더 크게 기여하는 것이 나의 역할이며 보람이다. 이를 위해 지역사회의 자원과 예산을 최대한 많은 사람들이 행복해질 수 있는 방법으로 배분하고 연결하는 게 나의 역할'이라는 답이 돌아올 것입니다. 예산 담당자가 따로 있어 본인의 소관이 아니라고 생각할 수도 있지만 비타캐피탈리스트는 너무도 자연스럽게 자기 자신을 사업의 주체 또는 개척자로 인식하기에 업무를 추진하는 데 남다른 적극성과 도전성을 발휘하게 되는 것입니다.

이타적 사고

생명자본활동가는 급여나 보수를 받는 경우라도 경제적 소득 즉, 교환적 가치보다는 자신이 가진 지식, 경험, 전문성을 다른 사람에게 베푸는 일에서 삶의 의미를 찾고 행복을 느낍니다. 이러한 이타적 사고는 생명자본 전달자로서의 성취감과 행복감을 배가시킵니다. 다른 사람들에게 생명자본을 확산하는 가운데 다양한 삶의 모습을 발견하고 이를 통해 인생의 깊이와 넓이를 깨우치게 되기 때문입니다. 따라서 어떤 일을 할 때 보수를 먼저 따지지 않습니다. 보수를 무시하는 것은 아니지만 이 일이 다른 사람과 사회에 이로운가를 먼저 봅니다. 다른 사람과 사회에 이로운 일이 자신에게도 이롭다는 믿음을 갖고 있습니다. 말 그대로 이들이 우선시하는 가치 판단 기준은 홍익인간입니다.

이타적인 사고의 특성은 다른 사람의 가치를 깨달을수록 자신의 가치를 높이는 일에도 더욱 정성을 쏟는다는 것입니다. 자신을 소중히 여기는 것과 마찬가지로 여전히 소중한 가치를 지닌 사람들 속에서 더 큰 행복과 존재의 의미를 느끼는 자신을 발견하기 때문입니다. 따라서 이러한 생명자본활동가의 이타적 사고는 타인의 가치를 빛내주는 동시에 본인의 성장을 돕는 역할을 합니다.

동반자적 사고

생명자본활동가는 자신이 공무원이든 자원봉사자이든 고객인 주민의 행복한 삶을 함께 가꿔가는 친구이자 동료로서 공동체를 구성하고 지역의 발전에 이바지할 수 있는 것 자체를 큰 기쁨으로 생각합니다.

가령 생명자본활동가인 공무원은 주민을 대상화하지 않고 파트너로 바라보는 확실한 관점을 가지고 있습니다. 강의하는 사람은 결코 학습자들이 자신보다 못한 사람들이라고 생각지 않습니다. 이웃에게 필요한 재능과 역할이 자신에게 주어졌음을 무엇보다 기뻐하며 주민들과 더불어 동반 성장할 수 있음에 가장 큰 의미와 보람을 부여합니다.

이들은 주민 각자의 능력을 신뢰합니다. 주민들이 가진 전문성, 지식, 경험, 지혜를 소중히 여기는 동시에 이러한 역량을 최대한 발휘할 수 있는 환경을 만들어주고 동기를 부여합니다. 그리고 주민 스스로 배움을 통해 얻은 것을 다른 사람들에게 베풀면서 다같이 행복해지도록 지원합니다.

겸양과 소신의 실천

겸양은 자신을 드러내지 않고 상대방을 존중해주는 소통의 방식입니다. 여기에는 특정 집단의 이익이 아니라 모두의 행복한 미래를 추구한다는 뜻도 내포되어 있습니다. 생명자본활동가는 개인적 이익이나 일시적 유불리에 따라 행동하지 않고 '우리'라는 보편적 공공의 이익에 우선순위를 둡니다.

이들은 나름대로의 소신이 확고하지만 권위적이지 않습니다.

아랫사람들과도 격의가 없습니다. 이른바 잘 나가는 조직에는 이러한 이들의 특성을 인정해주는 리더들이 있는 경우가 대부분입니다. 바꾸어 말하면 그러한 리더가 없는 조직에선 생명자본활동가가 숨 쉴 공간이 없고, 설령 있다 해도 그 수명이 결코 오래 갈 수 없습니다. 공동체에 필요한 인재를 알아봐주는 리더의 혜안이 필요한 이유입니다.

일에 대한 확고한 가치 인식

생명자본활동가는 개인의 행복에 기반한 공동체의 가치 함양을 행동 판단의 중요한 기준으로 삼습니다. 보통의 공무원이라면 예산의 규모와 용도를 책정할 때도 이전의 사례나 주관적인 경험의 틀에 얽매입니다. 생명자본활동가로서의 공무원은 공동체의 가치를 더 높일 수 있는 정책이 있다면 이처럼 틀에 박힌 규정을 지켜야 할 대상이 아니라 극복하고 해결해야 할 대상으로 여깁니다. 규정이란 다른 사람이 문제없이 일을 잘할 수 있도록 과거의 경험 및 성과에 기준을 둔 안내서일 뿐, 미래를 내다보고 준비한 지침이 아니라는 사실을 너무나 잘 알고 있기 때문입니다. 그래서 다른 사람이 해본 적이 없는 정책이라도 주민의 가치에 부합한다면 과감히 추진합니다.

또한 이들은 자신의 직업을 통해 얻는 경제적 보상보다는 사회적 약자를 포함한 주민 공통의 더 나은 행복을 추구하는 사업 실현에 주안점을 둡니다. 그리고 이를 통한 보람을 더 큰 보상으로 생각합니다. 이러한 보람이야말로 공무원으로서, 지역사회활동가로서 일을 즐겁게 하는 열정의 원천이 되고 그들 자신을 성장하게 만드는 에너지로 작용하기 때문입니다.

담대한 비전

미국의 경영평론가이자 기업전략전문가인 제임스 콜린스$^{James\ C.\ Collins}$와 제리 포래스$^{Jerry\ Porras}$는 『성공하는 기업들의 8가지 습관』에서 조직의 성공한 혁신가들은 크고^{Big}, 위험하고^{Hairy}, 대담한^{Audacious} 목표^{Goal}를 가지고 있다고 말합니다.

생명자본활동가들도 조직의 혁신가들처럼 원대하고 도전적이며 담대한 목표를 갖고 있습니다. 하지만 이를 크게 내세우거나 강조하지는 않습니다. 심지어는 자신이 이러한 목표를 가지고 있다는 사실조차 인지하지 못하는 경우가 대부분입니다. 따라서 어떠한 미션을 제시하거나 비전을 선언하지도 않습니다. 이들의 미션과 비전은 가슴과 머리에 있기 때문입니다. 그리고 이는 모든 가치 판단의 기준이 되어 일의 집중력을 키우고 지속적인 성과를 만들어내는 바탕이 됩니다.

공생과 공존을 추구하는 가치관

우리 사회는 불평등하고 불합리한 제도와 문화를 개선하려 오랫동안 노력해왔습니다. 가장 이상적인 변화는 양보와 타협을 통해 상호 이익이 되는 협력적 공생 및 공존의 길을 찾는 것이겠죠. 그러나 사회 각 구성원의 인식과 실천을 담보하지 못한 정치적 구호 차원의 담론에 그칠 뿐, 근본적인 해결책을 찾지 못한 채로 악순환이 되풀이되는 실정입니다.

생명자본활동가는 다같이 어울려 살고 함께 누리는 공동체의 행복을 가치 판단의 준거로 삼고 무엇보다도 이를 우선시합니다. 차이와 다양성을 존중하며 다른 사람을 이해하고 공감하는 특성이 이들에게선 너무나 자연스럽게 우러납니다. 투철한 시민정신으로 사회정의를 구현하고 차별과 불평등을 개선하는 일에도 기꺼이 앞장섭니다. 그렇다고 자신의 행동을 돋보이기 위해 요란스럽게 나서지는 않습니다. 또한 이웃에게 어려움이 닥쳤을 땐 스스로 치유자이자 조력자의 역할을 하는 것에서 진정한 행복을 느낍니다. 단순히 남을 돕는 행위에서 그치는 게 아니라 적극적이고 주체적인 삶을 살아갈 수 있도록 심리적, 기능적으로 도와 더불어 공존, 공생하는 지역사회 구축에 일익을 담당합니다. 어떤 일을 하든 경제적 이익을 바라거나 단지 그 일을 해야 한다는 의무감으로 움직이진 않습니다. 일 자체를 자신이 행복해지는 과정으로 받아들이는 걸 너무나 당연하게 생각하기 때문이죠.

3부

우리 주변의
생명자본활동가들

Vita Capitalist

* 자기 자신은 인식하지 못하고 있으나 생명자본활동가로서의 역량을 발휘하여 공동체 발전에 기여하고 있는 이들의 사례를 스토리텔링으로 재구성한 것입니다. 본인들이 원치 않으므로 실명은 적지 않습니다.

사람들 마음속에 생명자본이 있다
—공무원이 주민을 파트너로 대할 때 생기는 일

영화 〈수영장으로 간 남자들〉은 가정과 사회에서 낙오된 중년 남자들의 이야기를 다뤘다. 여기서 수영장은 각각의 이유로 우울감과 갈등을 안고 살아가는 그들에게 일종의 케렌시아 querencia라 할 수 있다. 스페인의 투우 경기에서 유래한 케렌시아는 투우사와의 대결을 앞둔 소가 잠시 숨 고르기 하는 공간을 의미한다. 어떤 위협이나 방해도 없는 상태에서 자신만의 방식으로 안정을 취한 다음, 소는 다시 일어나 싸울 힘을 얻고 결전의 장소인 광장으로 나간다.

주민센터를 마을주민을 위한 케렌시아로 활용할 방법은 없을까?

공모를 통해 서울 금천구 독산 4동 동장으로 임명되었을 때

황영호 씨가 떠올린 생각이다.

케렌시아는 '피난처' 혹은 '안식처'의 의미로도 쓰인다. 살면서 그는 돈, 명예, 학벌보다는 긍정적인 인간관계가 사람들을 더 건강하고 행복하게 하는 걸 많이 보아왔다.

삶에 지친 이웃들에게 편안하고 따뜻한 소통의 장을 만들어 준다면 마을이 안식처 역할을 해줄 수 있지 않을까?

당시는 퇴근 후 동료들과 술잔을 기울이며 하루를 마감하는 게 4050 직장인들의 흔한 일상이었다. 황 동장은 이들이 그저 먹고 취하는 술자리 대신 마을에서 친구를 만들고 함께 어울릴 수 있는 마을회관 같은 곳으로 주민센터를 활용하기로 했다.

최초의 민간인 출신 동장.

언론에서 그를 이렇게 소개했다. 그간 동장은 5급 공무원이 맡아왔는데 당시 그는 서울혁신파크 운영위원장을 맡은 민간인 신분이었다.

서울혁신파크는 사회적경제지원센터, 마을공동체지원센터 등 중간 지원기관 및 다양한 사회혁신 기업들이 네트워킹과 협업을 통해 시민들의 건강한 휴식처를 제공하고 창조적 부가가치를 창출하도록 유도하는 기관이다. 어느 날 회의 도중 그의 동료가 뜻밖의 말을 꺼냈다.

"금천구에서 민간인 동장을 찾고 있는데 잘 안되는 모양이야."

"그래? 내가 10년 동안 살아온 지역에 그런 일이 있는 줄은 몰랐네."

"그럼 자네가 한번 해봐."

이때만 해도 웃어넘기고 말았지만 얼마 후 그로부터 다시 동장 지원을 진지하게 권하는 전화를 받았다.

"아내는 동료의 전화를 받고 고민하는 저를 보고 무척 의아해 했어요. 지금까지 해온 일과 동장 일은 달라도 너무 달랐기 때문이죠. 하지만 전 무슨 일이든 재미를 중시하는 편입니다."

그는 중고등학교 교사로 사회생활을 시작해서 일간지 기자와 인터넷 신문사 설립위원 등으로 일했고 서울교육청 자문을 맡아 '방과 후 학교'를 처음 만든 장본인이다. 교육감 선거캠프에서 활동한 적도 있고 행정안전부 지역혁신정책국 주민참여 협업과 시민협업 팀장으로 일하기도 했다. 이 모든 선택의 중심엔 언제나 '재미'가 있었다.

"재미가 없으면 성과를 내기도 어려웠거니와 우선 나부터가 지치니까요. 왠지 모르게 필feel이 꽂혀 새로운 도전을 시도할 때도 있었습니다. 동료 이야기를 듣고 고민하면서 내린 결론이 '이 일은 해 볼만하다'는 것이었죠."

그가 동장에 응모한 이유였다. 대민 접촉 최일선에 있는 동 행정은 지난 100년간 윗선에서 정책이 내려오면 그대로 수행하는 톱다운top-down 형식으로 진행되었다. 그는 이제 그런 문화는 바뀔 때가 되었다고 생각했다. DNA 깊숙이 자리하고 있던 보다 많은 사람들의 행복을 추구하는 변화의 염기서열이 그를 그냥 두지 않았다.

"민간인을 동장으로 임명한 건 주민 시각에서 일하라는 메시지로 읽혔죠. '일단 2년간 즐겁게 해 보자!' 서울혁신파크나 서울시에서 도시재생과 마을만들기 관련 일을 하면서 아쉬웠던 일들을 동에 가면 직접 해 볼 수 있겠다 싶었어요."

당시 서울시 산하 농아학부모커뮤니티 회원들은 수화를 배워 어린이집과 초등학교에서 수화를 가르치는 등 다양한 활동을 해왔다. 그런데 이분들이 모임을 열 땐 비싼 동네 카페를 이용하거나 누군가의 집에 가서 회의를 열곤 했다. 그는 우선 이 부분에 주목했다.

장애는 본인에게 가장 힘든 일이겠지만 부모로서의 안타까움 또한 이루 말할 수 없을 것이다. 그런 분들에게 스스로 알아서 모일 장소를 찾고 추가적인 부담을 지도록 하는 게 결코 대한민국의 현재 모습이 돼선 안 된다는 생각이었다.

황 동장은 동사무소를 주민 모임 장소로 개방했다. 사회적 약자를 자녀로 둔 부모들이 회의를 위해 여기저기 옮겨 다니는 불편은 겪지 않도록 하기 위해서다. 주민 누구나 언제든 편리하게 이용할 수 있는 '활력소' 개설은 동장에 부임한 그가 처음으로 한 일이었다.

독산4동에 가면 금줄이 보인다

당시 금천구는 서울에서 외지고 낙후된 지역이라는 이미지가 강했다. 언론에선 종종 서초구와 비교한 통계 결과를 내세우곤 했다.

"가장 집값이 비싼 동네는 서초구, 금천구는 가장 싼 곳, 아이들 성적도 서초구가 가장 높고 금천구는 가장 낮게 나옵니다. 심지어 평균수명도 서초구는 가장 높고 금천구가 가장 낮다는 기사가 실렸죠. 통계에 기초한 기사를 두고 탓할 생각은 없었습니다. 다만 동장으로서 내가 할 일은 무엇일지에만 집중하기로 했죠."

그는 스위스의 체르마트, 미국의 로체스터처럼 작지만 행복한 마을을 떠올렸다. 땅값, 집값으로 행복의 순위를 정하기보다 주민들이 '금천사람이어서 참 좋다'고 생각하는 마을공동체를 뿌리내리게 하고 싶었다.

독산4동은 아파트보다 다세대 주택이 압도적으로 많은 지역이었다. 예산을 크게 들이지 않고도 드라마 〈응답하라 1988〉에 나오는 골목공동체를 구현하기에 적당한 구조.

그가 동장에 부임한 지 몇 달 되지 않아 주민센터 직원이 출산을 했다.

"갈수록 아기 울음소리 듣기가 힘들어지는 때 반가운 일이 아닐 수 없었습니다. 독산4동은 한때 인구가 2만 8천 명에 육박했으나 해마다 인구가 줄어 제가 부임한 첫해는 1만 7천 9백 명까지 줄어들었거든요."

그는 이 기쁜 소식을 마을에 알리기로 했다. 신생아 가족의 동의를 얻어 주민센터에 금줄을 쳤더니 오가는 주민들마다 발길을 멈추고 덕담을 건넸다.

"마을에 경사가 났네요! 요즘 세상에 금줄을 다 보다니!"

주민들이 기뻐하는 모습을 보고 자신의 판단에 확신이 섰다.

"한동네에 십년 이십 년을 살아도 얼굴도 모르고 지내기 일쑤입니다. 이웃끼리 서로 격려하고 지지하는 문화가 형성되면 마을살이가 훨씬 덜 팍팍할 거라 생각했어요. 이후로는 마을 공식 행사로 금줄 달아주기 운동을 추진했습니다. 아이가 태어나면 주민들이 축하의 플래카드를 내걸고 간단한 음식을 만들어 골목길에서 작은 잔치를 열었죠."

얼굴을 안다고 모두가 이웃사촌이 되는 건 아니다. 다소 부담이 될 수 있는 강한 연계보다는 다양하면서도 소소한 약한 연계를 형성하도록 돕는 게 어떨까? 그는 사람들이 오며가며 자연스럽게 소통할 수 있는 장을 마련해준다면 이웃 간에 정이 오가는 행복한 마을살이가 될 것이라 생각했다. 물질적인 풍요보다 건강하고 만족스러운 인간관계에서 오는 기쁨이 진짜 행복이란 걸 새삼 깨우치는 순간이었다.

반응은 예상했던 것 이상이었다.

―독산4동에서 아이가 태어났어요!―

금줄이 달린 집 앞에 내건 플래카드 밑에 포스트잇이 나붙기 시작했다.

―태어나줘서 고맙다!―

쇠퇴해가던 마을은 그렇게 살아나고 있었다. 주민들은 메마른 도시 생활에서 잊고 지냈던 상부상조의 소중한 문화를 되살려냈다. 황 동장은 이것을 인간에 대한 관심과 배려, 사랑으로 싹을 틔운 생명자본의 따스한 힘이라 믿는다.

그동안 주민센터는 증명서를 떼주는 기관 정도로 인식되어왔다. 이제 많은 업무가 기계화된 만큼 좀 더 의미가 있는 사업으로 전환할 필요가 있었다. 금천구에서 실시한 '찾아가는 주민센터' 사업에 독산4동이 선정된 것을 계기로 황 동장은 '소원 들어주기 사업'을 추진했다. 초·중학생을 대상으로 '우리 동네 예쁘게 만들기' 공모전을 열어 주민과 동사무소가 당선된 학생들의 소원을 들어주는 행사였다.

"기존 마을 환경미화 사업은 동사무소가 발주하면 업체가 꾸며주고 가버리는 시스템이었습니다. 덕분에 환경이 좋아지긴 하지만 주체가 주민이 아니니 시간이 지나면 엉망이 되기 일쑤였죠. 그러나 주민자치 차원에서 일이 이루어지니 주민들은 아이들이 원하는 걸 해주는 데서 행복을 느꼈고 아이들은 자기 실력으로 소원을 이뤘다고 하는 자부심을 느꼈어요. 그 결과 쓰레기 투기로 지저분했던 전봇대가 아이들의 미술 작품으로 장식되어 마을의 자랑거리가 되었습니다."

주민을 믿고 기다려주는 그의 생명자본 바이러스가 마을 전체에 시나브로 스며들고 있었다. 그는 주민들이 원하는 프로그램을 지원하고 주민센터를 일주일에 두 번 정도는 편안하게 놀다가는 장소로 꾸몄다.

주민센터에서 보육과 요리 등을 함께하며 작은 공동체 이루기, 각 가정에서 안 보는 책을 모아 조촐한 서가 꾸미기, 동네 슈퍼에서 당일 팔지 못한 물건을 가지고 나와 사고파는 '땡처리 마켓' 등이 주민들 손으로 만들어졌다. 동장과 직원들은 프로그램 진행을 돕는 간사 역할을 했다. 본인들도 의식하지 못하는 새 생명자본활동가로서의 공무원이 하게 될 몫을 어렵지 않게 실천한 것이다.

"동장으로서 가장 보람 있었던 순간은 해마다 줄어들던 인구가 늘기 시작했다는 점입니다. 전입자가 전출자보다 많고 신생아가 사망자보다 많아지면서 생긴 변화였죠. 특히 금줄 달아주기 행사는 출산 예정일을 앞둔 가정에서 예약을 신청할 만큼 호응도가 높았습니다."

생명자본활동가로서 한 명의 공무원이 지닌 가치철학은 공동체에 활력을 불어넣는 산소통 역할을 한다. 황 동장이 바로 그런 사람이다.

　대한민국 대다수의 공무원이 생명자본활동가로 활동한다면 우리가 사는 세상은 얼마나 풍요로워질까.

　상상만으로 가슴이 벅차오른다.

인재를 알아보는 생명자본활동가

"세계에서 IQ가 제일 높은 민족이 우리 민족이에요. 그런데 천리마는 있으나 백락伯樂이 없어요. 인재를 알아보려고 하지 않는 한국의 문화풍토와 사회환경, 톱다운식 교육 체계 안에서 천 리는커녕 백 리도 달려보지 못하는 인재들이 얼마나 많습니까? 공무원은 창의적인 사람을 알아볼 줄 아는 백락이 돼야 해요."

　황 동장이 행정안전부 사회혁신단의 정책협업 팀장으로 근무할 때였다. 경기도 인재개발원에서 실시한 공무원 창의교육에 참가했던 그에게 이어령 박사의 특강은 깊은 성찰을 주었다.

　춘추시대 사람 백락은 인재를 감별하는 능력의 대명사로 쓰인다. 어느 날 천리마가 소금 수레를 끌고 언덕을 오르는 걸 본 백락은 자신이 입고 있던 옷을 덮어주며 천리마와 더불어 눈물을 흘렸다. 백락의 눈물은 천 리를 달려야 할 말이 소금 수레를 끌고 있음에 대한 안타까움을, 천리마의 눈물은 자신의 재능을 인정해준 이에 대한 고마움, 달리고자 했으나 달릴 수 없었던 그간의 설움을 상징한다.

"공무원은 한정된 자원과 예산을 합리적으로 배분하고 연결해서 더 나은 공동체 형성에 이바지할 책임과 의무를 지닙니다. 따라서 주민을 대상화하지 않고 함께하는 파트너로 바라볼 수 있어야 합니다. 예산 부족이나 법적 근거가 미비하다는 이유로 무조건 '안 된다'고 할 게 아니라 해결 방법을 찾아주는 직업이죠. 이어령 장관님의 특강은 지역에서 창의적인 일이 이루어지려면 공무원이 주민들을 생명자본으로 보는 백락의 눈을 가져야 한다는 점을 제게 깨우치게 했습니다."

2021년 행정안전부는 전국 12개소에 총 60억 원을 들여 3년간 '청년 마을만들기 공모사업'을 추진했다. 지역의 유휴자원을 활용해 청년이 주도적으로 마을을 재창조하도록 지원한 프로그램이다. 공모 동장 2년 만에 행정안전부 4급 공무원으로 전격 발탁된 황영호 씨는 그중 전라남도 신안군 청년들의 아이디어에 관심이 갔다.

"폐교를 활용해서 동물원과 미술관, 책방 등을 두루 갖춘 복합문화공간으로 조성한다는 계획이었죠. 제가 생각한 이상적인 마을공동체는 사람들이 살아온 스토리가 쌓여 있는 마을, 고유의 지역자원을 활용한 일자리 창출을 통해 이웃끼리 상부상조할 수 있는 마을, 오래된 역사와 문화가 파괴되지 않고 전승되어 후손들이 선조들의 삶을 자랑스러워하는 마을입니다."

그가 구현하려는 마을의 모습이 이어령 박사가 생전에 그토록 그려왔던 생명자본마을, 곧 비타 빌리지였다는 사실은 몰랐지만 디지털과 아나로그의 조화를 강조한 디지로그의 의미를 누구보다도 잘 알고 있었다. 그런 면에서 신안군 청년들이 구상한 마을공동체는 그가 꿈꾸는 마을의 조건을 두루 갖췄다. 특히 멸종 위기의 도마뱀 30여 종과 아메리카 열대 거북, 앵무새 등 20여 종의 희귀동물로 꾸며진 동물 숲과 빈집을 활용한 게스트하우스는 인구 감소 지역인 섬마을에 관광객을 유도하여 활기를 불어넣을 수 있다는 점에서 의미와 가치가 충분했다.

심사위원들도 이점을 높이 평가했다. 그런데 폐교 상태인 분교의 활용 방안에 대한 관련 규정이 없어 청년들이 이를 사용할 수 없게 되었다. 그는 신안군청과 신안교육청, 전남도청과 행정안전부의 협력 회의에 청년들이 참석해 사업 취지를 설명하도록 했다. 그리하여 2주 만에 사용 인허가가 떨어졌으나 이번엔 또 다른 문제가 발생했다. 공모사업에 참여한 청년들 간에 저작권 침해를 둘러싼 갈등이 빚어진 것이다.

어느 편도 들어줄 수 없는 상황.

평소 그는 갈등이 생겼을 때 정보를 투명하게 공개하고 경청을 통해 신뢰의 바탕 안에서 문제를 해결하는 걸 원칙으로 삼았다. 차분하게 대화로 풀어갈 여유가 필요했다. 우선 청년들에게 그동안의 성과와 경험을 공유하는 소통과 경청의 시간을 갖도록 했다. 다른 한편으로는 이들의 지속가능한 성장을 돕기 위해 후속 지원사업을 만들어 청년협의체를 통해 상호협력할 수 있는 시스템을 구축했다. 상생의 길을 열어주어 당사자들끼리 갈등을 봉합할 수 있게 한 것.

그에게 주민, 곧 시민이란 어떤 존재인지 물었다.

"저에게 시민은 사회적 가치를 함께 실현해나갈 소중한 친구이자 동료입니다. 앞으로도 저는 시민이 지역사회 발전에 이바지하는 인재로서 성장하도록 최선을 다해 도울 것입니다."

그는 생명자본의 참뜻을 적확하게 꿰뚫고 있었다. 이런 마음의 태도야말로 이 땅에 꼭 필요한 생명자본활동가로서 공무원의 롤모델이 아닐 수 없다.

모든 인간이 동등하게 존중받는 사회를 위하여
―살며, 배우며, 함께 성장하는 학습을 설계하는 러닝 디자이너

온두라스 최남단에 자리한 촐루데카.
"딜헨시아 diligencia(근면)!"
"아우또아우다 autoayuda(자조)!"
"꼬오뻬라시욘 cooperación(협동)!"

온두라스 마을 리더들의 열띤 외침 속에 대한민국 경제발전의 원동력이 된 새마을운동 정신이 녹아들어 있다. 우리에겐 아득한 과거의 일이 된 새마을운동이 어떻게 지구 반대편에까지 알려진 걸까?

김미래 박사가 그 장본인이다. 지난 10여 년간 그녀는 온두라스와 엘살바도르를 위시한 중남미 국가에서 BBL^{Building a Better}

Life(더 나은 삶 만들어가기)란 농촌지역 리더들을 위한 리더십 학습 프로그램을 전파해 왔다.

그녀는 평생 도전을 숙명으로 알고 살았다. 그래서 그녀는 사람들이 어려운 일을 성취하고 즐거워하는 모습에서 참다운 행복을 느낀다. 여기에는 그럴 만한 사연이 있다.

"초등학교 5학년 어느 날이었어요. 텔레비전에서 UN 구호단체가 굶주린 아프리카 난민들에게 옥수수나 밀가루 따위를 나눠주고 있었죠. 화면에 비친 아이들의 처참한 모습을 보면서 문득 이런 생각이 들더군요. 먹을 걸 조금씩 나눠준다고 저 아이들을 살릴 수 있을까? 나는 커서 저들에게 물고기 잡는 법을 가르쳐주는 사람이 될 거야."

어린 마음에 들었던 생각이 훗날 인생의 나침반이 될 줄은 꿈에도 몰랐다.

돌과 바람과 여자들이 많다고 해서 삼다도라 불리는 제주가 그녀의 고향이다. 하지만 그녀가 살아온 제주는 여자들을 위한 섬은 아니었다. 공부를 잘해도 학교에서 인정받는 건 남자아이들뿐, 그녀와 그녀의 친구들은 단지 여자아이로 태어났다는 이유만으로 이해할 수 없는 관습과 편견의 지배를 받아야 했다.

가정에서도 남녀는 엄연한 차별의 대상이었다. 여자아이들은 고등학교 정도만 졸업하고 오빠나 남동생의 학업을 뒷바라지하는 걸 당연하게 여겼다. 그녀의 어머니 역시 그렇듯 불합리한 관습에 얽매여 평생을 살았다.

굴러다니는 돌멩이 하나에도 존재 이유가 있을 텐데, 나는 무엇을 위해 존재하는 걸까?

자라면서 줄곧 가져온 의문은 사춘기를 지나면서 그녀의 내면을 향했다.

나는 어떨 때 가장 행복할까?

허락되지 않은 것들에 대한 반발, 자신의 의지로 선택되지 않는 삶의 부조리에 대한 도전 의식이 결국 그녀를 세상 밖으로 끌어냈다.

"딸내미 육지로 내돌린다고 동네 사람들이 흉본다."

대학을 서울로 가겠다고 했을 때 그녀의 어머니는 제일 먼저 이웃의 시선을 걱정했다.

"학비 지원은 아예 기대도 하지 않았어요. 아르바이트를 해서 혼자 힘으로 대학을 졸업했죠. 서울이라고 별반 다른 세계는 아니었어요. 취업 현장에도 남녀 차별이 있다는 걸 알고 미국 유학을 선택했죠. 적어도 그곳에선 뭔가 다른 일이 생길 것 같았어요."

흔한 토플 학원 한 번 다녀보지 못했으나 아르바이트로 모아두었던 3백여만 원과 장학금을 받고 무작정 떠난 미국에서의 유학 생활은 엄청난 문화적 충격을 안겼다. 그녀는 당시 상황을 이렇게 전한다.

"창의적인 사고로 무장한 외국 학생들 앞에서 저 자신이 한없이 작게 느껴질 수밖에 없었어요. 한편으로는 일방적인 주입식 교육으로 개인의 상상력과 잠재력을 억압하는 한국의 교육 체계가 원망스럽기도 했습니다."

미국에서 박사학위를 따고 한국으로 돌아온 그녀는 모 그룹 인재원에서 직원 교육을 맡았다. 그리고 이때 결심한 게 있었다.

사람들이 무조건 따르기를 강요하는 전통이나 관습, 관행은 반드시 올바르지만은 않을 수도 있다. 나는 어떤 누구도 이런 편견의 희생물이 되게 하진 않으리라. 다수의 논리에 의해 개인이 착취당하거나 자기 의지와 상관없이 끌려가지 않도록 스스로 생각하는 힘을 키워주는 역할을 하리라. 이런 고민이 그녀를 생명자본활동가로 만든 씨앗이었다. 하지만 그녀는 자신이 생명자본활동가임을 인식하지 못한다. 그저 다른 사람의 행복과 더 살기 좋은 미래사회를 위한 활동이 자신에게 삶의 가치와 행복을 느낄 수 있게 하는 힘의 원천이라는 사실만을 명확히 알고 있을 뿐이다.

대기업의 인재개발원에 근무했던 그녀는 직원들이 경영 이슈 해결을 위한 접근방법을 찾는 과정에서 대부분 수동적인 모습을 보이는 것이 안타까웠다. 영향력 있는 사람이 답을 제공하면 그에 대한 팔로우 업follow-up은 상대적으로 잘해나가지만 스스로 답을 찾아가는 데는 한계가 있었다.

어떻게 하면 직원들이 윗사람 눈치 보지 않고 문제를 해결할 수 있다는 믿음을 갖게 도울 수 있을까? 그녀는 학습 시간마다 정답이 무엇인지보다 중요한 건 각자의 관점, 생각, 계획, 결정이 옳을 수도 있다는 자신감이라는 걸 누누이 강조했다. 교육담당자의 주요 업무는 직원들이 업무를 보다 잘 추진할 수 있도록 관련 지식을 쌓기 위한 교육을 기획하고 전체 과정을 운영하는 데 있다. 하지만 그녀는 교육담당자로서의 자신의 업무를 무엇이든 학습자들 스스로 책무성을 가지고 해결할 수 있게 하고 능동적인 개인으로서 인생을 살아가도록 돕는 것으로 인식했다. 자신이 하는 일에 대해 보다 높은 시각에서 관찰 및 발견, 통제, 판단하는 고차원의 생각하는 기술higher-order thinking skills을 발휘한 것이다. 이는 생명자본활동가의 특성과 정확히 맥이 닿아 있다.

그렇게 8년이 지났을 무렵, 코이카KOICA, 한국국제협력단의 봉사단원 모집 공고가 그녀의 눈길을 사로잡았다. 도미니카 공화국에 체계적인 농업 교육 컨설팅을 제공하는 프로젝트. 이 한 번의 '사로잡힘'이 중남미와 동남아시아 등 저개발국가의 농촌지역 커뮤니티 리더를 양성하는 러닝 디자이너Learning Designer로서의 출발점이 되었다.

당시 그녀의 나이 30대 중반. 주위에선 도무지 이해할 수 없다는 반응을 보였다.

"소위 유리천장이라 불리는 대기업 간부 자리를 박차고 가는 데가 어디 붙어 있는지도 모를 가난한 나라의 봉사단원이라니 어머니도 걱정이 이만저만이 아니었죠. 하지만 경력 단절이라거나 미지의 상황에 대한 두려움 따위는 애초부터 머릿속에 없었어요. 다만 나 자신이 지닌 능력으로 그 먼 나라 사람들을 도울 수 있다는 사실만으로도 가슴이 벅차올랐습니다."

도미니카 프로젝트를 진행하면서 인생의 두 번째 성찰이 왔다. 아이러니하게도 그것은 그토록 부정하고자 했던 '옳지 않을 수도 있는 관습이나 관행'에 물들어 있는 자기 자신을 향한 각성이었다.

"그동안 내가 옳다고 생각했던 게 커다란 모순덩어리로 느껴졌어요. 어쩔 수 없이 사람들의 눈높이에 맞춰 살아온 건 아닌지, 물질이 우선되는 자본주의 사회에서 나 자신의 본질과는 상관없이 이른바 성공한 부류 쪽에 스스로를 자리매김했던 건 아닌지, 선진국에 대한 무비판적인 사대주의에 빠져 세상을 외눈으로 보았던 건 아닌지…."

전기는커녕 마실 물도 없이 살아가는 게 일상이 돼버린 도미니카 사람들과 함께 생활하면서 미국 유학 시절의 자신을 떠올렸다. 그 당시 미국에서 가장 흔히 접할 수 있었던 게 히스패닉에 대한 편견이었다. 영화나 텔레비전 드라마에 등장하는 히스패닉계는 보통 하층민들인데다 하나같이 비천한 직업에 시끄럽고 천박한 말투를 쓰는 인물로 묘사되곤 했다.

그녀는 현지에 와서야 비로소 마야문명의 유구한 역사적 전통과 무궁무진한 힘을 느낄 수 있었다.

"이곳 사람들은 높낮이가 분명하고 세련된 언어를 구사합니다. 이토록 아름다운 언어가 낮은 수준의 문화적 상징으로 쓰인 것도 모른 채 강대국이 만든 편견에 갇혀 있었던 나 자신이 한없이 부끄러웠습니다."

지나고 나니 서로 다름이 얼마나 소중한 가치를 갖는지를 몸으로 깨닫게 되었던 고마운 경험이었다. 2006년 도미니카 프로젝트는 이분법적인 관점으로 바라보던 세상을 입체적으로 볼 수 있게 해준 하나의 전환점이 되었다.

"어떤 환경 혹은 어떤 상황에 속해 있는 사람이라도 남녀 차별 없이, 빈부격차나 지역에 상관없이 모두에게 동등한 기회가 주어지는 세상을 만들고 싶었습니다. 그런 세상에 대한 희망조차 없이 살아가는 사람들에게 자기 안에 있는 잠재력을 마음껏 발휘하면서 삶을 펼쳐갈 수 있도록 힘을 실어주고 싶었던 것이죠."

이러한 신념이 끊임없이 동기를 부여했다. 비록 그녀 자신은 생명자본이 무엇인지 몰랐다 해도 19세기 존 러스킨이 얘기했던 생명자본의 가치철학을 스스로 체득하고 있었다.

존재하지 않는 것에 도전하다

매일 바쁜 업무에 시달리던 어느 날 잘 알고 지내던 경기도 평생교육진흥원의 초대 원장이 그녀에게 전화를 걸어왔다. 수화기를 통해 들려온 첫 마디가 OEI˙가 추진하고 있는 〈배움을 위한 빛Luces Para Aprender〉 프로젝트에 관한 이야기였다.

"온두라스 농촌지역사회에서 액션러닝 방식의 리더십 교육 프로그램을 진행할 예정인데 내가 개발한 교재의 감수를 맡아줄 수 있겠습니까?"

"저도 같이 가면 안 돼요?"

원장의 제안을 듣고 즉석에서 튀어나온 말이었다. 이 시기 그녀는 대기업의 임원으로 재직하고 있었다. 당시 자신에게 그런 일이 가능한지 어떤지는 문제가 되지 않았다. 하고자 하는 일, 해야만 한다고 생각한 일은 일단 한발 내딛고 보는 그녀였다. 전형적인 비타캐피탈리스트. 그녀에겐 경제적인 가치보다 소외된 약자들을 돕는 일, 보다 나은 인류의 미래를 만들어가는 일에 동참하고자 하는 의지가 무엇보다 중요했다.

마침 여름휴가를 앞둔 시점.

---

* OEI는 이베로아메리카 국가 교육과학문화 기구(Organization of Ibero-American States for Education, Science and Culture)로, 아메리카와 유럽의 포르투갈어 및 스페인어 사용 국가와 아프리카의 적도 기니를 회원으로 하는 국제기구이다.

회사 임원들에겐 연간 10일의 휴가가 주어졌으나 그걸 곧이곧대로 쓰는 경우는 거의 없었다. 그녀는 이 또한 옳지 않은 관행이라 여겼다. 한술 더 떠 3주간의 휴가를 신청했다. 평사원이라면 전년도에 못 쓴 휴가를 마저 채울 수도 있지만 임원이 휴가를, 그것도 기간을 초과해서 신청하는 건 매우 이례적인 일이었다.

"갑자기 장기간의 휴가가 필요한 사정이라도 있습니까?"

회사 대표는 온두라스 프로젝트를 설명하는 그녀에게 몹시 당황한 기색을 내비쳤다. 당시 온두라스는 유엔마약범죄사무소 UNODC가 발표한 세계살인율 1위 도시가 있는 위험지역인데다 수도인 테구시칼파는 세계에서 가장 위험한 도시 중 하나로 꼽혔다. 하물며 회사에서 지정한 출장 국가 명단에 올라 있지도 않은 국가. 그러나 그녀의 마음이 가리키는 행복은 벌써 현장을 향해 가고 있었다. 관례에 없는 일이라며 난감해하는 담당자에게 출장국 목록에 '기타'란을 추가하면 간단히 해결될 일이라고 맞섰다. 그녀의 고집을 익히 알고 있던 회사 대표는 한 가지 단서를 달았다.

"3주는 너무 길어요. 2주 안에 끝내고 오도록 하세요."

그녀를 아끼는 상사로서 안전을 염려하는 마음이 컸기에 말리고 싶었지만, 그녀가 하고자 하는 일에 무엇보다 큰 가치를 둔다는 사실을 알고 있던 터라 허락할 수밖에 없었던 것.

극작가 버나드 쇼는 말했다.

'사람들은 존재하는 것만을 보고 '왜 그럴까'를 생각하지만, 나는 존재하지 않는 걸 꿈꾸면서 '왜 그럴까'를 생각한다.'

그녀는 회사를 설득해 임원들이 다음 연도 휴가를 5일까지 당겨쓸 수 있도록 하는 규정을 만들었다. 그녀로 인해 존재하지 않던 것이 존재하게 된 셈이다. 하지만 여기서 끝이 아니었다. 이번엔 인사팀에서 문제를 제기했다.

"왕복 4일이 걸리고 교육 기간만 총 6일이 소요되는 프로젝트라 2~3일은 더 휴가를 써야만 했어요. 규정상 곤란하다는 이유로 반대하는 인사팀에 초과한 일수만큼 월급에서 제하기로 하고서야 승낙을 얻어냈죠."

워낙 갑자기 결정된 일이라 경기도 평생교육진흥원은 그녀에 대한 보수는 고사하고 항공권을 구매할 예산조차 준비되어 있지 않은 상태였다. 당시 원장은 자신에게 할당된 비즈니스석을 이코노미석 두 자리로 바꿔 그녀를 비행기에 태웠다. 20시간이 넘는 비행에 편한 좌석을 포기하고 자신에게 기회를 준 당시 원장이 고마웠다. 하지만, 그 또한 이를 너무나 당연한 것으로 생각했다. 1년에 한 번 정도 만날까 말까 하는 사이였지만 같은 제주도 출신이고 생각이 비슷했던 두 사람은 여러 면에서 통했다. 예정일보다 하루 늦긴 했으나 자기희생에 가까운 원장의 배려 덕분에 마침내 그녀는 온두라스 땅을 밟게 되었다.

그녀를 지원해준 원장은 어떤 의미에선 이 시대의 백락과 같은 역할을 했다. 그녀가 비타캐피탈리스트라는 것을 알고 있던 원장 덕택에 그녀는 다시 한번 숨겨진 진가를 발휘하는 천리마가 된 것이다. 우리 주위에는 도처에 비타캐피탈리스트들이 있다. 그러나 그들의 가치나 역할을 제대로 인식해주는 사람들이 많지 않다는 사실이 안타깝다. 비타캐피탈리스트를 알아보는 백락 같은 사람, 조직, 지역사회가 많아질수록 세상은 생명자본으로 넘쳐나게 된다. 그것이 우리가 꿈꾸는 대한민국의 미래다.

동기가 부여되면 사람은 스스로 성장한다

김 박사는 삶의 질을 향상하는 게 오로지 외부의 손에 달려 있다고 믿는 사람들에게 동기를 부여할 수만 있다면 놀라운 기적이 일어날 것이라고 믿는다. 이러한 맥락에서 온두라스 사람들이 주도적인 삶을 살아갈 수 있도록 새로운 가치철학을 일깨워주고자 했다.

생존을 위한 삶에서 품위가 있는 삶으로!

온두라스에서의 활동은 마을 리더들이 실제 마을에서 일어나는 문제를 파악하고 스스로 원인과 문제를 극복할 수 있게 하는 건설적인 사고의 함양에 초점이 맞춰졌다. 액션러닝 방식의 참여형 교육 프로그램을 통해 뇌를 때리는 질문과 머리와 가슴으로부터의 성찰이 오가는 워크숍이 진행되는 가운데 마을 리더들은 공통의 이슈를 발견했다. 제일 큰 문제는 마을에서 일어나는 범죄가 심각하다는 것이었다.

"어떻게 하면 여러분들 마을에서 범죄가 일어나지 않게 할 수 있을까요?"

그녀는 질문했고 그들은 응답했다.

"우리가 마을 순찰대를 조직하는 겁니다."

"야간이나 주말에 학교를 중심으로 순찰대를 가동하면 청소년 대상 범죄가 줄어들 것입니다."

명목집단법*, 멀티 보팅**, 의사결정 그리드*** 등 액션 러닝에서 활용하는 기법을 통해 다양한 의견들이 수렴되었다. 곧 구체적인 실행계획이 수립되었고 1년 뒤 범죄율 50% 감소라는 놀라운 성과를 얻을 수 있었다.

일부 오지마을 사람들은 걸어서 두 시간 걸리는 곳에서 물을 길어다 썼다. 급수 문제를 마을이 해결해야 할 과제로 선정한 리더들은 정부와 기업을 설득하는 한편 주민들과 합심해서 프로젝트를 진행했다. 그 결과 1년 뒤 정수 장치에 필요한 시설을 설

---

* 명목집단법(Nominal Group Technique): 참가자 각자가 다른 사람과 얘기하지 않고 침묵 속에서 토의 주제에 대한 자신의 생각을 정리할 수 있도록 일정한 시간을 부여하는 방법.
** 멀티 보팅(multi—voting): 민주적인 의견 수렴 방법.
*** 의사결정 그리드(Decision Grid): 주로 X축과 Y축에 평가 기준에 따른 점수를 좌표로 표시하여 대안별 상대적 우수성을 비교해 볼 수 있게 하는 방법.

치하고 호스로 깨끗한 물을 끌어올 수 있게 되었다. 정부와 기업, 주민들이 3분의 1씩 투자해서 마을에 깨끗한 물이 공급되는 역사적 순간이 만들어진 것.

다음은 화장실 문제였다.

"우리는 집안에 화장실이 있는 걸 당연하게 알고 살아왔지만 온두라스 오지마을엔 그런 개념조차 없었죠. 들판에 나가 대소변을 해결하고 돌아오는 게 일상이었어요. 마을 리더들은 팀을 조직해서 가가호호 방문해 화장실이 없는 집을 조사하고 모금 활동을 펼쳤어요."

이렇게 한푼 두푼 모인 돈으로 구덩이를 파서 만든 화장실이 각 가정에 설치되었다. 비록 재래식 화장실에 불과했으나 최소한의 인간적 품위와 존엄을 지켜가면서 살 수는 있게 되었다.

"한국의 새마을운동을 본받아 한 달 안에 우리도 살기 좋은 마을을 만들어 볼게요."

6일간의 교육 일정을 끝마치고 돌아오는 날 온두라스 설탕재단 담당자 호세가 그녀를 찾아왔다. 마을 사람들과 합심해서 결과물을 도출해내겠다는 얘기였다.

그런 일이 과연 한 달 안에 가능할까?

그녀는 곧 이것이 기우에 불과했다는 걸 깨달았다. 귀국한 지 채 사흘이 지나지 않아 호세가 이메일로 사진을 보내왔다. 아들, 손자, 며느리가 다 나와 골목을 청소하는 사진 속 장면이 마을

축제를 연상하게 했다. 이메일에는 다음 프로젝트 일정이 상세히 적힌 계획표까지 첨부되어 있었다.

김 박사는 이때 자신의 존재 이유와 더불어 행복감이 한 단계 업그레이드되는 경험을 했다. 이후 OEI와의 파트너십은 온두라스 설탕 재단 푼아쑤까르$^{Funazucar^*}$와 협력한 농촌지역 리더십개발교육 및 농촌지역 교사 대상 교수학습설계 프로그램으로 변경되었다.

첫 방문이 있은 이듬해 다시 온두라스를 찾은 그녀는 전년도에 교육받은 마을 리더들을 대상으로 1일 디브리핑^{Debriefing} 워크숍과 신규 리더들을 위한 4일간의 프로그램을 진행했다. 디브리핑 워크숍은 1년 동안 실행한 프로젝트의 성공 요소 및 장애요인을 분석한 결과물을 다음 실행과제에 반영, 학습의 지속적 실행 기반을 조성하기 위한 프로그램이다.

마을 리더들에게 나타난 가장 큰 변화는 생동감이었다. 설탕 재단 담당자인 호세는 특히 표정이 밝았다. 그녀가 오기만을 학수고대하며 이 마을 저 마을 돌아다니며 그녀가 전수한 액션러닝 프로젝트를 실천하도록 도왔던 그였다.

"우리도 할 수 있어요!"

그녀를 바라보는 저마다의 표정이 이렇게 말하고 있었다. 주민

---

* 온두라스의 7개 설탕회사가 농촌지역의 여성교육, 위생교육, 소득증대 교육 등을 위해 설립한 재단.

들에 의해 새롭게 마을 리더로 선정된 15세 소녀 안네는 유독 눈망울이 초롱초롱했다. 학습에 참여하기에는 너무 어린 나이라 의아해하는 그녀에게 마을 리더가 말했다.

"안네는 장차 우리 마을 농촌 후계자가 될 겁니다. 언제까지나 나이 든 사람들이 마을을 책임질 순 없으니까요."

안네는 그녀가 귀국한 뒤로 틈틈이 마을 사람들과 함께 액션러닝 프로젝트를 학습하는 사진을 보내오곤 했다. 이후 매해 여름휴가를 오롯이 온두라스에서 보내는 김 박사에게 주변에선 이렇게 물었다.

"개인적인 휴가를 전부 자원봉사에 사용하는 건 어떤 의미인가요?"

그녀는 일말의 주저함도 없이 대답했다.

"나에게 온두라스 프로젝트는 다음 1년 동안 일할 에너지를 충전해주는 종합비타민 같은 거죠."

돈 한 푼 받는 게 없고 오히려 자신의 지식뿐 아니라 매년 3,000달러를 써가면서 하는 활동이었다. 그럼에도 가난한 그들로부터 스스로가 매번 선물처럼 받아 안는 에너지는 새로운 생명자본이 되어 그녀의 온몸을 흘렀다.

모든 도전에는 어려움이 따르기 마련이다. 그녀에게 닥친 가장 큰 어려움은 현지어로 교육을 진행해야 하는 것이었다.

"도미니카에서의 봉사활동을 통해 온두라스에서도 어느 정도 일상적인 대화는 가능했으나 교육할 땐 좀 더 수준 높은 언어를 구사해야만 하죠. 떠나기 3~4개월 전부터 집중적으로 스페인어를 공부하고 가도 언어가 딸리는 건 어쩔 수 없었어요. 온두라스의 마을 리더들은 저의 부족한 표현력에 개의치 않고 관용적인 모습을 보여주었어요. 오히려 동양 여성이 자기들의 언어로 말하려고 노력하는 걸 몹시 고마워했죠. 마치 '선생님이 이야기하는 건 다 믿을 수 있어요'라고 말하는 듯한 눈빛이었죠."

그녀가 여전히 온두라스와 온두라스 사람들을 사랑하는 까닭이다.

2021년 예정이던 온두라스 마을 리더 대상 워크숍은 해당 지역 시장이 암살당하는 안타까운 사건과 코로나-19로 인해 2022년 4월에나 실시되었다. 그녀는 줌^{ZOOM}으로 그들이 일궈낸 성과를 축하해주고 격려해주었다. 그간 비대면으로 온두라스 마을 리더들과 꾸준히 대화를 이어왔으므로 이런 식의 회의는 자연스러운 풍경이 되었다.

얼마 전에는 크리스티나가 반가운 소식을 전해왔다. 결석률이 아주 큰 문제였던 마을 아이들이 줄지어서 학교에 가는 모습이 담긴 사진. 그렇게 그들은 계속해서 성장할 것이다. 여름 휴가지로 그녀는 어김없이 온두라스행을 택했다.

"이번 워크숍은 유난히 기다려집니다. 크리스티나, 도나, 안네,

호세…. 그들이 성장한 모습을 직접 확인할 걸 생각하면 가슴이 설레요."

여름은 아직 멀었건만, 그녀는 벌써 그들을 향해 달려가고 있었다.

마을살이 경험이 삶의 활력소가 되다
―내 아이를 위한 평생학습이 덤으로 가져온 행복

경기도 시흥 한 아파트 단지가 현재 김나은 주부가 사는 마을이다. 이곳에서의 첫해는 그녀에게 가장 힘들고, 또 가장 행복한 시기였다. 낯선 도시로 이주를 결심한 건 언니 가족이 살고 있기 때문이었다. 하지만 당시는 다섯 살 난 큰아이와 걸음마를 떼지도 못한 둘째를 돌보느라 친언니 얼굴 보기도 쉽지 않았다.

994세대 3천여 명이 거주하는 그녀의 아파트는 대도시도 아니고 그렇다고 시골도 아닌 어중간한 위치에 있다. 주민 대부분은 본래 이곳에 터를 잡고 살았던 원주민들이었다. 자연환경이 자녀를 키우기에 좋다는 이점이 있지만 문화활동을 하려면 멀리까지 나가야 하는 불편함이 따랐다.

그전에 그녀는 여행사 직원이었다. 일하면서 보람을 느낀 순간도 많았다. 종종 고객들과 상담하면서 여행을 꿈꾸곤 했다. 여행지에서의 추억 보따리를 풀어놓는 고객들을 대하면 자신도 모르게 마음이 부풀어 올랐다.

연이은 출산으로 더 이상 직장생활을 할 수 없게 된 그녀에게 상사는 재택근무를 권했다. 내심 바라던 상황이었으나 육아와 직업을 병행하기란 쉬운 일이 아니란 점을 절감했다. 어쩌면 아이를 둔 대한민국 워킹우먼이 겪는 지극히 평범한 현실이었는지도 모른다.

40대 초반에 경단녀라는 이름으로 불린다는 건 급변하는 환경 속에서 덩그러니 도태되어가는 존재라는 걸 의미했다. 퇴사할 땐 이것저것 배우고 싶고 듣고 싶은 강좌도 많았다. 취미로 악기 하나쯤 배우고 싶은 생각도 있었다. 하지만 아이 둘 키우면서 개인적인 시간을 갖는다는 건 애초부터 실현 불가능한 희망 사항이었다. 어느 것도 마음대로 되지 않는 하루하루가 그녀 자신을 조금씩 지치게 만들었다.

그녀와 가족들이 거주하는 아파트가 평생학습마을로 선정되고 마을학교가 생기면서 무미건조한 인생에 새바람이 불기 시작했다. 어느 날 마을학교운영위원회에서 추진하는 총 12개의 학습 프로그램 공고가 나붙었다.

들꽃 사랑 가족 모임, 소리를 즐기는 사람들의 모임 등 다양한 학습 프로그램 중 우선 그녀의 눈에 띄는 건 '사고로 뭉치다'는 뜻을 지닌 일명 '사고뭉치 스터디그룹', 사고력 독서지도자 양성 과정이었다.

　사실 그녀는 책 읽기를 즐기는 편은 아니었다. 퇴직하고 읽은 책은 유아용 그림책이 고작이었다. 아이들 침대맡에서 습관처럼 그림책을 읽어주곤 했으나 교육적인 효능 면에선 확신을 갖지 못했다.

　"큰아이 취학 전에 그림책이라도 제대로 읽어주자는 생각으로 작은 아이를 유모차에 태워 마을학교란 곳에 처음 가봤는데 주부들이 줄을 서 있는 거예요. 내 또래 엄마들이 이렇게나 많다는 게 무엇보다 반가웠어요."

　그녀는 특히 한국무용 강좌 접수대 앞에서 만난 또래 주부에게서 강한 인상을 받았다.

　"어릴 적 꿈이 무용가였다더군요. 정식으로 무용을 배워본 적은 없지만 혹시 자기한테도 무용가의 재능이 있을지 모르겠단 생각이 들었대요. 늦었지만 한번 도전이라도 해보겠다고 얘기하는데, 저처럼 유모차를 끌고 나온 엄마 입에서 나온 '도전'이란 단어가 참 새롭게 느껴지더라구요."

　해맑은 얼굴로 수강 신청서를 작성하던 그는 지금 전국적인 무용 전문 강사로 활동하고 있다. 김나은 주부는 이날 사고력 독서지도사 양성과정에 등록했다.

　"여러분에겐 이 사과가 맛있어 보입니까?"

사고력 독서지도자 양성과정 첫 시간에 들었던 질문이다. 이 학습은 독특한 방식으로 진행되었다. 철학을 전공한 아동문학 전문가가 매주 한 번씩 6개월간 수업을 맡았다. 그녀는 이 강좌를 통해 그림책에 나오는 삽화 한 장도 그냥 그려지는 게 아니란 걸 처음 알았다.

아이들이 읽는 그림책에는 다양한 사물이 등장한다. 사과만 해도 아담과 이브의 사과, 백설공주의 사과, 윌리엄 텔의 사과, 뉴턴의 사과 등 각기 다른 맥락에서 상상력을 자극하는 도구로 쓰인다. 수업은 단순히 책을 읽어주는 방법에 국한되지 않았다. 강사들은 읽기와 말하기뿐만 아니라 질문을 통해 아이들의 사고력과 창의력을 길러주는 교육적 스킬을 익히도록 도왔다.

"확실히 전문가는 다르네요! 솔직히 저는 의무감만으로 책을 읽어줬는데 이젠 스토리보다 그림에 담긴 뜻을 생각하게 돼요."

"맞아요. 그림책이라고 간단히 볼 게 아니더라구요. 여기 와서 배운 게 참 많아요."

팀원들은 물론 그녀 역시도 마을학교에서의 수업에 푹 빠져들었다. 그간 미뤄두었던 취미생활로 우쿨렐레를 배우기도 했다.

공동체라는 말에는 '함께하다'라는 뜻과 '선물'이라는 의미가 포함되어 있다. 이전까지 아파트는 그저 그녀와 그녀의 가족이 거주하는 네모난 공간에 불과했다. 아파트에서 공동체의 의미를 찾는다는 게 무모한 일처럼 여겨지기도 했다. 그런 그녀에게 마을학교는 공동체의 소중함을 깨우치게 하고 삶의 활력을 되찾아준 일생의 선물이 되었다.

책 읽어주는 엄마에서 마을강사 엄마로

6개월의 학습 기간은 눈 깜짝할 새 지나갔다. 김나은 주부는 사고력 독서지도사 자격증을 받아든 순간 가슴 벅찬 성취감을 느꼈다.

이 나이에 내가 도전이란 걸 해냈구나!

한편으론 아쉬움이 남았다. 그동안 배운 지식이 아이들에게 책을 읽어주는 데는 도움이 되겠지만 자격증이 제 몫을 하기엔 부족한 면이 있었다. 그녀는 독서치료, 미술치료, 음악치료, 아동 심리분석 프로그램 등 평생교육센터에서 운영하는 아동교육 프로그램을 수강하고 관련 자격증을 손에 쥘 수 있게 되었다.

"이 나이에 뭔가를 다시 배운다는 것, 또한 그것을 남을 위해 쓸 수 있다는 게 얼마나 행복한 일인지를 매일 새롭게 알아가는 나날들이었어요. 지역 아동센터와 연계한 독서지도 프로그램을 통해 현장경험을 쌓아가면서 수업에도 어느 정도 자신감이 붙었죠. 그러던 어느 날 문득 이런 생각이 들었어요. 이왕이면 우리 아이들도 가르칠 겸 마을학교에서 봉사하는 건 어떨까?"

어느새 그녀는 생명자본활동가로서의 본성을 발휘하고 있었다. 생명자본의 확산은 마음만으로 되는 것이 아니다. 실천할 수 있는 능력과 의지가 있어야 가능한 일이다. 생명자본활동가들은 또 다른 생명자본을 육성하기 위해 자신의 생명력을 불어넣는 것을 즐겁고 행복한 과정으로 여긴다. 그녀는 아이를 혼자 가르치는 건 어렵지만 또래끼리 한 교실에 모아놓고 가르치면 수업이 좀 더 효과적일 것이란 얘길 하면서 팀원들의 의견을 구했다.

"그래요! 마을이 우릴 이만큼 키웠으니 우리도 마을을 위해서 의미 있는 일을 해봅시다!"

팀원들도 모두 찬성했다.

"젊은 엄마들이 마을을 위해 나서준다면 이보다 고마운 일이 어디 있겠습니까? 마을운영위원회의 도움이 필요하면 언제든 말씀하세요."

마을학교 교장과 동대표 회장을 겸하고 있던 왕 회장은 도서실 한 켠에 있던 마을학교를 100평 규모의 지하 관리동으로 옮기도록 배려했다. 본래 헬스클럽이 있던 곳인데 주민 이용률이 낮은데다 아파트 단지 바로 앞에 국민체육센터가 생기면서 임대업자가 재계약을 포기함으로써 아깝게 버려진 공간이었다.

유치원생과 초등학생 대상 독서지도반이 개설되자 주민들의 반응도 무척 호의적이었다. 팀원들에겐 자기 자녀를 직접 가르친다는 점이 무엇보다 큰 동기부여가 되었다. 나이 터울이 고만고

만한 아이 둘 키우면서 쌓인 스트레스는 어느 틈엔가 말끔히 사라졌다. 그녀의 아이들에게도 조금씩 변화가 생겼다. 제 손으로 고른 책도 금세 싫증 내던 아이들이 마을학교에서 만난 친구들과 책을 가지고 놀았다.

"엄마가 마을학교 선생님이란 게 무척 신기했던지 이제 막 걸음마를 떼기 시작한 둘째가 제 또래 아이들에게 저를 가리키면서 '우리 엄마, 선생님. 우리 엄마'라고 하는데 기분이 참 묘하더군요."

아이들이 변화하는 모습은 그녀로 하여금 더 새로운 도전을 꿈꾸게 한 원동력이 되었다. 생명자본활동가는 생명자본을 전파하는 활동 그 자체로부터 또 다른 에너지를 얻는다. 시간을 조금 더 쪼개 쓰는 것으로도 나와 내 가족, 이웃과 함께하는 마을에서의 삶이 한결 더 살갑게 다가오기 때문이다.

자원봉사자에서 마을운영위원회 위원으로

나태주 시인은 사람을 풀꽃에 비유하기를 '자세히 보아야 예쁘고 오래 보아야 사랑스럽다'고 썼다. 마을은 그녀에게 그런 존재였다.

이사 초기엔 엘리베이터에서 낯선 주민을 만나면 그렇게 어색

할 수가 없었다. 서로 여러 번 얼굴을 마주쳐 몇 층 사는 누구란 걸 알아도 길어야 1분 남짓 좁은 공간에 함께 있는 시간이 불편하기 짝이 없었다. 하루는 큰 맘 먹고 먼저 인사를 건넸다.

"안녕하세요?"

그러자 곧바로 화답이 왔다.

"아, 네! 날씨가 많이 춥죠?"

짧은 인사 한마디로 시작된 대화가 타인과 타인을 이웃으로 맺어주었다. 이제 아이들에겐 동네 언니, 오빠, 이모, 삼촌이 생겼고 그녀에겐 언제든 차 한잔 나눌 수 있는 친구가 생겼다. 마을학교도 서서히 자리를 잡아갔다. 그녀에게 마을학교는 가장 소중한 생명자본의 공간으로 자리를 잡았다.

"어쩌다 집 청소는 미뤄둘망정 마을학교만큼은 열심히 쓸고 닦아 항상 깨끗하고 쾌적한 공간으로 꾸몄죠."

생각지도 못한 문제가 생긴 건 2009년 말이었다. 2년간의 평생학습 시범마을 사업이 종료되고 시의 사업비 지원이 끊기면서 마을학교가 사라질 위기에 놓인 것이다. 마을학교의 구심점 역할을 하던 왕 회장을 비롯한 운영위원회 임원진이 임기 만료로 교체되고 새로운 마을운영위원회가 구성되면서 벌어진 일이다.

"마을학교에 무상으로 제공하는 공간은 주민들에게 돌려줘야 합니다. 외부에 임대하면 수익이 발생하는데 너무 비효율적이지 않습니까?"

"일부에만 혜택이 돌아가는 마을학교가 왜 필요한지 모르겠네. 평생학습에 관심 있는 주민이 얼마나 되겠어요?"

마을학교 의결권을 가진 입주자대표회와 부녀회 임원들 사이에서 부정적인 목소리가 흘러나오기 시작했다. 대개는 자녀의 연령대가 마을학교 프로그램과 맞지 않아 이용 가치를 못 느끼는 경우였다. 어떤 주민은 마을학교를 없애겠다고 찾아와 언성을 높이기도 했다.

"나도 시간이 남아돌아서 이러고 있는 건 아닌데, 이럴 바엔 집안일 하나라도 더하는 게 낫겠어요."

극심한 갈등의 와중에 마을강사로 활동했던 열다섯 명 중 열 명이 마을학교를 떠났다. 하지만 김나은 주부는 차마 마을학교를 떠날 수가 없었다. 사람들 앞에 나서는 성격은 아니었으나 남은 팀원들과 함께 마을운영위원회에 들어갔다. 어떻게든 마을학교를 살려내고자 하는 소박한 욕심 때문이었다. 존 러스킨이 말했던 근원적 가치가 교환가치나 사용가치보다 더 인정받는 생명자본마을을 그녀는 그리고 있었다.

마을운영위원회에 참석한 그들은 독서지도 프로그램 설문조사 결과를 제시하며 마을학교의 필요성을 역설했다.

"마을학교를 임대 공간으로 내주면 경제적인 이점이 따르겠지만 아무 때고 와서 책을 읽던 아이들은 갈 곳이 없습니다. 마을의 미래를 위해서도 아이들 학습터는 지켜져야 합니다."

"여태까진 외부 기관 사람들이 들어와서 일을 추진했으니 별 문제 없었다 쳐도 그 사람들이 철수한 마당에 관리가 제대로 되겠어요?"

반대의견에도 일리가 없진 않았다. 팀원들은 마을학교 운영 전반에 관한 문제를 자신들이 책임지기로 약속하고 겨우 갈등을 수습할 수 있었으나 그러느라 수십 번의 설명회와 주민 간담회를 열어야 했다.

아파트 예산이 쓰이는 마을학교는 투명한 회계 관리가 필수적이다. 프로그램 구성부터 수강생 모집, 수업발표회, 회계 관리까지 다섯 명이 처리하기엔 과도한 업무였으나 반대를 무릅쓰고 자청한 일이라 힘든 내색도 할 수 없었다. 마음은 점점 지쳐가고 있었지만 마을학교 안에서 아이들의 초롱한 눈빛을 마주하고 있노라면 다시 힘을 얻곤 했다.

"우리 애가 마을학교 이야기를 많이 해요. 아파트 단지 안에 이런 곳이 있어 정말 다행이에요."

학부모들이 간혹 인사치레로 건네는 말에서 보람을 찾기도 했다. 그렇게 2년쯤 지나자 마을운영위원회는 마을학교의 자립을 요구했다. 더 이상의 지원은 불가능하다는 통보였다.

"마침 시에서 마을만들기 사업 공고가 났어요. 뽑히기만 하면 시에서 나오는 재정 보조금으로 마을학교를 살릴 수 있었죠. 팀원들은 단박에 의기투합했습니다."

김나은 주부는 당시 상황을 이렇게 회고한다. 간절함과 의욕만으로 매달리는 팀원들을 평생교육실천협의회 회원들이 측면에서 도왔다. 다른 마을 사례를 벤치마킹하고 프로그램을 짜느라 시간이 어떻게 가는지도 몰랐다. 이렇게 해서 그녀의 아파트는 마을만들기 사업에 선정되었으나 기쁨의 순간은 아주 잠시뿐이었다. 다섯 명의 팀원들만으로 추진하기에는 한계가 있는 사업이었기 때문이다. 결국 사업을 반납하는 수밖에 없었고 두 명의 강사가 마을학교를 떠났다.

김나은 주부의 큰아이는 그해 초등학생이 되었다. 학교에서 돌아온 아이가 습관처럼 책을 펼치는 모습을 보자 왠지 모를 허탈감이 밀려왔다.

"우리 딸 커서 뭐가 되고 싶어?"

무심코 건넨 말에 평생 잊지 못할 대답이 돌아왔다.

"좋은 사람."

"좋은 사람은 어떤 사람인데?"

"그냥, 사람."

아직 어려서 잘 표현하진 못해도 아이는 자신의 미래에 대해 분명한 그림을 갖고 있었다. 그녀는 자신도 그런 사람, 좋은 사람이 되고 싶었다. 생명자본의 씨앗이 여기저기 움트고 있는 것을 몸소 체험하는 순간, 다시금 마을학교가 절실해졌다.

"활기차게 돌아갔던 마을공동체가 힘을 잃어버린 원인을 곰 곰 생각해보았어요. 그땐 주민들이 신임하는 동대표 회장님이 있었고 그분을 따르는 마을 리더 그룹이 있었지만 이제 남은 건 단 세 명뿐이었어요. 팀원들과 논의 끝에 이미 마을학교를 떠난 왕 회장님을 다시 교장으로 추대하기로 뜻을 모았어요."

그녀의 아파트에선 왕 회장을 모르는 사람이 없었다. 동대표 회장과 마을학교 교장으로 봉사하면서 한 달에 15만 원~20만 원 남짓 되는 판공비마저 매번 경비실이나 청소실에 기부할 만큼 공동체에 대한 애정이 깊은 분이었다.

"저로서도 무척 안타깝습니다만, 도움이 되질 못해 미안합니다."

그녀가 예상했던 대로 왕 회장은 완곡한 거절의 의사를 전해왔다. 외지에 있는 직장에 출근한다는 얘길 전해 들은 터라 더는 매달릴 면목이 없었으나 그녀에겐 무너져가는 공동체를 일으켜 세워야 한다는 절박함이 더 컸다. 어떻게든 생명자본의 싹을 살려야만 했다. 왕 회장에게 간곡하게 사정을 알리고 읍소하다시피 해서 겨우 승낙을 얻어낼 수 있었다.

유급 코디네이터에서 임기제 공무원으로

"왕 회장님이 마을학교로 돌아오면서 초창기 열성적으로 활동했던 마을강사 선생님들도 같이 돌아왔죠. 2012년 4월 우리 마을학교는 비영리민간단체 등록을 마쳤습니다. 평생학습마을 공모 경험이 있는 회장님의 제안에 따른 결정이었죠. 저희는 마을만들기 사업에 공모하려면 비영리단체로 등록하는 게 유리하다는 걸 그때 처음 알았어요."

  그해 9월 그녀의 아파트가 골든트라이앵글* 평생학습 시범마을로 선정되면서 3년 동안 마을 코디네이터 인건비와 마을학교 프로그램 활성화를 위한 일부 강사료, 공동체 활성화 비용을 지원받게 되었다. 그전에는 전문성을 갖춘 외부 전문가나 기관에 위탁해서 교육과정을 운영하던 공공기관이 이제 주민들을 신뢰하고 주민들에게 교육과정의 기획, 운영, 정산까지 전부 맡기는 방향으로 정책을 전환한 것이다.

  마을에는 생명자본이 넘쳐난다. 역사와 문화를 간직한 자연환경, 삶의 지혜와 경험이 풍부한 어르신들, 그림 잘 그리는 주민, 글 잘 쓰는 주민, 스포츠 선수, 여행 전문가, 교육자, 의사, 판사, 변호사, 약사, 바리스타, 음식 잘 만드는 아주머니와 아저씨… 골든트라이앵글 프로젝트는 세 개의 꼭지점을 기본으로 한다. 마을 사람들의 생명자본을 활용하는 첫번째 점, 두 번째는 마을에서 기획한 다채로운 생명자본활동을 통해 주민들이 다양한 학습과 교류의 기회를 갖게 하는 점, 세 번째는 이런 과정을 통해

---

  * 2012년부터 경기도 평생교육원이 시행한 지역 내 생명자본 육성정책.

생명자본이 풍부한 마을이 만들어지는 점을 의미한다.

"한마을에 거주하는 주민들은 외부에서 생각하는 것보다 훨씬 많은 경험과 전문성, 기술을 갖추고 있습니다. 뿐만 아니라 돈으로는 살 수 없는 마을에 대한 애착심과 열정을 지닌 분들이죠. 우리는 공공기관의 직원들이나 전문가보다 여러분들이 더 마을학교를 잘 운영해나갈 것으로 믿습니다."

김나은 주부는 마을을 찾은 경기도 평생교육진흥원장의 말에서 비로소 주민이 주도하는 지방자치 시대를 실감할 수 있었다. 왕 회장은 마을공동체 홍보를 전담하고 그녀는 유급 코디네이터가 되었다. 유급 코디네이터 제도는 생명자본활동가로서 마을에서 봉사하는 활동가들을 지원하기 위한 학습형 일자리 창출 사업의 일환이었다. 또한 마을에서 양성한 강사, 학습코디네이터 등에게 당연시되었던 소위 '열정 페이' 개념을 생명자본으로서의 가치로 인정했다는 점에서 유의미한 시도였는데 김나은 주부가 그 첫번째 수혜자였다.

마을에선 왕 회장을 '얼굴마담', 그녀를 '새끼마담'으로 불렀다.

그녀의 아파트는 골든트라이앵글 사업 참여를 계기로 다양한 학습 프로그램을 진행했다. 시에서 추진한 희망마을 만들기 사업에도 다시 선정되는 기쁨을 맛보았다. 사업 신청 서류 작성에서 실행계획 수립, 회의 진행, 예산 처리와 아울러 매달 정기적으로 개최하는 벼룩시장 일정과 공연 프로그램 기획, 주민 섭외, 행사장 세팅 및 진행, 회계, 주차관리에 이르기까지 실무는 모두 김나은 코디네이터의 몫이었다.

"제가 남들보다 능력이 뛰어났다거나 경험이 풍부한 건 아니었어요. 그저 마을공동체가 사라지는 게 아쉬워 무작정 뛰어든 일이었죠. 막상 부딪치고 보니 책임감만으로 감당할 수 없는 것들이 너무나 많더군요."

그녀는 당시 상황을 이렇게 전한다. 마을공동체가 활발하게 기능하려면 주민 각자의 재능을 마을에서 운영하는 프로그램과 적절히 연결해야 한다. 이 또한 마을 코디네이터가 해야 할 일이다. 하지만 그녀는 주민들과 이야기하는 시간보다 서류 더미에 파묻혀 지내는 시간이 더 많았다. 자원봉사로 일하다 유급으로 전환한 뒤에는 마을운영위원회 위원들에게 무슨 일을 부탁하기도 어려웠다. 그녀는 다른 어떤 것보다 근원적 가치를 추구한다는 점을 마을에서 인정받았기에 초대 코디네이터로 선정되었다. 하지만 코디로서 급여를 받게 되자 주민들이 혹시 자신을 교환가치, 노동가치에 속박되어 일하는 것으로 오해할까 두려웠다. 이는 순수한 생명자본활동가들이 흔히 겪는 고충이기도 하다.

그녀는 겸손한 성품을 지녔다. 좀 더 애쓰면 마을이 더 좋아질 거란 생각에 어떻게든 혼자 해결하려다 보니 체력적으로나 정신적으로 무리가 따랐다. 아이들을 위해 시작한 일이 그녀를 점점 궁지로 몰아가고 있었다.

"학원 보내고 간식 챙겨야 할 엄마가 아이들에겐 매일 바쁜 엄마가 되었어요. 지하 사무실에서 온통 숫자투성이인 서류를 들여다보고 있노라면 별의별 생각이 다 들더군요. 내가 왜 이러고 있지? 이제라도 그만두어야 할까? 능력에 부치는 일거리를 떠안고 마을 일도 가정도 제대로 돌아가지 않게 만들었다는 죄책감이 처음 마을 코디네이터로 활동한 2년 내내 줄곧 제 마음을 힘들게 했어요."

2013년 도지사가 마을학교를 방문한 뒤로 상황이 역전되었다. 당시 도지사는 주민이 자발적으로 생명자본을 이뤄야 할 필요성에 크게 공감하고 적극적인 지원을 약속했다. 덕분에 마을학교는 도지사 특별교부금으로 도서실을 리모델링해서 북카페를 개설할 수 있게 되었다.

원래 2층에 있는 도서실과 지하의 마을학교는 왕래가 거의 없었다. 리모델링 공사 기간이 되자 도서 봉사자 엄마들이 마을학교운영위원회 사무실에서 종종 회의를 열곤 했다. 나중엔 북카페 봉사자로 참여한 엄마들도 이들과 함께 그녀의 사무실을 찾기 시작했다. 대부분 그녀와 같은 40대이거나 30대 주부들로 마을에서 발굴한 보물과도 같은 생명자본활동가들이었다.

"김 코디, 어떻게 그 많은 일을 혼자서 다 했어요?"

"여기 와서 직접 눈으로 보니 고생이 많네. 우리도 힘닿는 데까지 도울 테니 언제든 SOS를 쳐요."

마을학교 돌아가는 형편을 알게 된 봉사자 엄마들이 도움을 자청하고 나섰다. 그녀는 뜻하지 않은 지원군의 등장으로 '한 달만 더 하자'고 버텨왔던 마을 코디네이터 일을 몇 년 더 계속할 수 있었다.

2014년 그녀의 아파트는 국토교통부가 추진한 에너지절약마을에 선정되었다. 마을축제, 지구의 날 소등 행사, 청소년 캠프, 재활용 공예교육, 어린이 알뜰장터, 가족과 함께하는 영화 관람 등의 공동체 활성화 사업이 전부 에너지절약 차원에서 이루어졌다. 가령 지구의 날 소등 행사 때는 아이들이 동네 언니 오빠 친구들과 함께 불 끄기 캠페인을 벌였다. 어린이 알뜰장터는 단순히 필요 없는 물건을 팔아 용돈을 벌기 위한 행사가 아니었다. 아이들은 자기가 쓰던 물건을 돗자리에 펼쳐놓고 손님을 기다리거나 흥정하면서 돈의 가치를 알아갔다.

"이 장난감 얼마야?"

"5백 원."

"쓰던 거잖아."

"…그럼 4백 원."

"…그래도 비싸다. 백 원만 더 깎아주라."

"…"

생명이 흐르는 근원적 가치에 기반한 교환가치가 실현되는 생명자본마을이기에 볼 수 있는 광경이다. 물건을 팔아야 하는 쪽과 사고자 하는 쪽이 각자의 셈법을 놓고 치열하게 갈등하는 침묵의 순간, 아이들에게 5백 원과 3백 원의 차이는 훌륭한 학습의 도구 역할을 했다. 야외극장에서 진행한 가족 영화 관람 행사 때는 이웃돕기 바자회도 함께 열었다. 주민들은 집에서 그릇을 가져와 먹거리 행사장에서 싼값에 간식을 즐겼다. 운영위원회 측은 그릇값을 음식값에서 깎아주었다. 이로써 주민들은 일회용품 사용을 줄이면서 환경을 보호하고 간식비를 아끼는 일석이조의 효과를 거둘 수 있게 된 셈이다.

주민들이 합심해서 에너지절약마을에 선정된 덕분에 태양광 발전소가 들어서고 저수탱크에서 직접 각 가정으로 수돗물을 공급하는 급수 시스템이나 에너지 놀이터 같은 최신 시스템이 갖춰졌다. 그녀의 아파트가 평생학습 공동체의 대표적인 사례로 알려지면서 스무 곳이 넘는 지자체에서 벤치마킹을 다녀가기도 했다.

"코디 그만두신다면서요? 오랫동안 마을학교를 지켜준 덕분에 우리 아이들이 좋은 활동을 많이 할 수 있었어요. 감사했어요."

김나은 마을 코디네이터가 역할을 마무리하던 날, 의례적인 인사만 주고받던 어머니 한 분이 작별 인사로 건넨 말이다. 그녀는 이 말에 진심이 느껴져 울컥했다.

"저도 모르게 사람들이 변하고 있었던 거예요. 자신들의 삶에 직접적인 도움이 되는 공동체 활동이 긍정의 에너지를 일깨워준 결과였다고 생각합니다."

이제 그녀는 시청의 임기제 공무원으로 지역의 마을공동체를 지원하고 있다. 마을 코디네이터로 일한 경험이 직업으로 이어진 것.

"마을학교는 오로지 저 자신과 가정만을 생각하던 저에게 지역에 대한 애정을 갖게 한 소중한 배움터였습니다. 마을살이의 필연적인 산물이랄 수도 있는 갈등을 무턱대고 불평하기보다는 함께 고민해준 이웃들이 있었기에 저 역시 성장할 수 있었던 것 같아요."

현재 활동하고 있는 마을학교 운영위원들은 대부분 10년 이상 마을공동체를 위해 애써온 분들이라고 소개하며 그녀는 또 이렇게 덧붙였다.

"다양한 이유로 같이 활동하지 못하는 분들도 마을학교를 사랑하는 마음만은 한결같을 거라 믿어요. 저야 잠깐 거들어줬을 뿐이죠."

그녀는 자신이 생명자본의 고유가치를 지닌 생명자본활동가라는 사실을 모르고 있다. '같이 살아서 사람'이라는 말의 의미를 직접 실천한 것만으로도 그녀는 우리의 소중한 생명자본이다.

마을은 그 자체로 생명자본
— 지역사회의 새 지평을 여는 평생학습

"집에 있는 사진을 보더니 깜짝 놀라서 그때 그 교장 선생님이 아버지냐고 묻는 겁니다."

얼마 전에 제대하고 복학한 막내아들은 친구 얘기를 하면서 몹시 들뜬 목소리로 덧붙였다.

"동창 중에서 제일 똑똑하고 좋은 대학에 진학한 친구거든요. 중학교 때 마을학교 교장 선생님이신 아버지 연설을 들었다면서 '너네 아버지가 그렇게 멋진 분이셔?' 이러더라구요."

제 딴엔 잔뜩 기가 살아서 하는 말을 종합해보니 10여 년 전 마을학교 청소년기자 양성반에서 활동했던 학생이 집에 놀러 왔던 모양이다. 아들이 자랑스러워하는 모습을 보고 양 교장이 보람을 느낀 이유는 따로 있었다. 청소년기자 양성반은 중고생 대상 진로 탐색 프로그램 중 하나로 기획되었다. 마을학교 교장에 취임한 그는 인근 중고등학교에 프로그램을 홍보하면서 조건을 달았다. 가급적이면 학교에서 제일 골칫거리인 학생들을 보내달라는 것.

이른바 문제아로 낙인찍힌 사춘기 아이들에게 스스로 자신의 장래를 설계할 기회를 만들어주자는 나름의 계획이 있었다.

"기자양성반을 다녀간 중고생이 총 27명, 마지막까지 남은 학생은 열댓 명쯤 되는 걸로 기억합니다. 이 프로그램을 통해 언론인의 꿈을 키운 학생 중 다섯 명만 훗날 마을학교에 가길 잘했다고 느낀다면 대성공이라고 생각했죠. 막내가 전하는 이야기를 듣고 그때의 판단이 틀리지 않았음을 확인할 수 있어 기뻤습니다."

생명자본활동가는 경제적 가치를 추구하지 않기 때문에 구체적인 달성 목표를 제시하는 데 익숙하지 않다. 꽃밭에 물을 주면 물은 땅으로 스며들지만 꽃을 피우는 나무는 위로 쑥쑥 자란다. 생명자본활동가의 역할은 꽃밭에 물을 주는 사람과도 같다. 꽃밭에 정성껏 물을 주면 아름다운 꽃들이 피어나는 것처럼 자신들의 생명자본활동이 누군가의 생명자본을 피어나게 할 것이라는 신념에 따라 움직인다.

사실 양 교장은 사람들 앞에 나서기를 썩 좋아하는 편이 아니었다. 이런저런 주장을 내세우며 갑론을박하기보다는 조용히 경청하는 성격이다. 그런 그가 입주자대표로 4년, 마을학교 교장으로 8년을 보내면서 가장 곤혹스러웠던 일 중 하나가 공식 행사에서 인사말을 하는 것이었다. 원고를 미리 준비해도 어색하긴 마찬가지라 곤혹스러운 순간이 한두 번이 아니었다. 막내아들 친구가 좋은 인상을 받았다는 그날의 연설은 즉석에서 이루어졌다.

"마을주민인 한 어머니의 제안으로 기획된 청소년 진로 탐색 과정은 저로서도 꼭 해보고 싶은 프로그램이었기에 학부모와 학생들 앞에서도 말이 술술 나왔던 것 같습니다."

그는 어린 시절 꿈이 뭔지 모르고 자랐다. 중학교에 진학해서도 뚜렷한 계획을 갖지 못했다. 진로를 어떻게 선택해야 할지, 어떤 공부를 하면 좋을지 의논할 상대가 없었다.

"부모님은 그저 먹고사는 일에 바빠 자식을 학교에 보내기만 하면 뭐가 되든 될 것이라 믿는 분들이었어요. 그런 점에서 학창시절은 갈증의 연속이었습니다. 누군가 나의 앞날에 대해 조언해줄 사람이 있었으면…. 혼자 답답할 때가 많았죠."

이런 갈증이 진로 탐색반에 특별히 마음이 쓰인 이유였다. 자신과 같은 고민을 안고 있을 아이들에게 꿈과 목표를 이루는 과정을 보여주고 싶었다. 청소년 진로 탐색 프로그램에는 영화감독, 기자, 요리사, 헤어디자이너 등 여러 분야의 전문가들이 강사로 초빙되었다. 이를 통해 학교생활에 적응하지 못하고 방황하던 아이들은 다양한 직업의 세계를 간접 경험할 수 있게 되었다.

학부모들의 호응도 상당한 편이었다.

이웃 간의 정을 되살린 마을공동체

"공무원이 된 큰딸은 아빠가 봉사하는 모습을 보면서 크게 해줘서 고맙다고 합니다. 부모로선 최고의 칭찬이죠. 마을 일에 참여하면서 경제활동을 거의 하지 못했어요. 가장으로서 미안한 마음은 있어도 후회는 없습니다. 가끔 친구들이 묻더군요. 마을 일 한다고 뛰어다녀봤자 생기는 것도 없는데 왜 그러고 사냐고. 그러면 저는 이렇게 대답합니다. 아마 내가 칭찬받는 걸 좋아하는 모양이라고."

실제로 그가 10여 년간 마을 일을 손에서 놓지 못한 건 감동과 재미가 있었기 때문이다. 그 감동과 재미는 생명자본활동가만이 느끼는 것이다. 반대로 감동과 재미를 느끼지 못하면 생명자본활동가로서의 동력을 잃게 된다.

"마을에서 사업 하나를 완수했을 때 '당신 정말 좋은 일하는 거야!' 주민들이 칭찬하는 말을 들으면 힘들었던 과정은 사라지고 새로운 의욕이 솟아오르곤 했습니다. 그 감동, 그 재미가 또 다른 사업으로 저 자신을 이끌었지요."

양 교장은 시흥에서 나서 자랐고 지금도 시흥시민으로 살고 있다. 주거 형태가 아파트로 바뀌면서 자연부락의 정감 어린 모습은 많이 사라졌으나 그에겐 여전히 소중한 고향이다.

마을 일에 뛰어들게 된 데에는 몇 가지 사연이 있다. 그가 사는 아파트에서 4년 동안 하자보수 문제로 입주자대표회와 주민들 간에 분쟁이 끊이질 않았다. 각자의 이해관계가 충돌하면서 빚어진 갈등이었다.

이웃끼리 정을 나누면서 살아가던 마을이 어쩌다 이런 싸움판이 됐을까.

내심 안타까워하는 그에게 주민대표 몇 사람이 거절할 수 없는 제안을 해왔다. 입주자대표회장을 맡아서 일을 원만하게 처리해달라는 것이었다. 거듭 고사했으나 이웃들이 계속 불편을 겪도록 두고 볼 수만은 없었다. 하자보수 건은 그와 그의 가족에게 닥친 문제이기도 했다.

"부족하나마 힘을 보태기로 마음먹고 일이 지연되는 원인을 알아보았더니 결국 소통의 문제더군요. 대화로 풀면 쉽게 해결될 문제였건만 서로가 서로를 믿지 못해 수년을 끌어왔던 것이지요."

그의 적극적인 활약으로 하자보수는 6개월 만에 처리되고 주민들은 평온한 일상을 되찾았다. 그리고 몇 달이 지난 어느 날, 개인택시 사업을 하는 주민이 입주자대표회 사무실을 찾아왔다.

"시에서 평생학습마을을 공모한다는데 우리도 도전해보는 게 어떨까요?"

　이야기를 듣는 순간 그 자신이 평소 꿈꿔왔던 마을공동체의 모습이 떠올랐다.

　"아파트는 자연부락에서 누리지 못한 편리함을 주지만 이웃이라는 개념과는 동떨어진 세계로 보였어요. 초, 중, 고등학교에 다니는 아이들 키우면서도 아쉬운 점이 많았죠."

　그가 어릴 땐 마을 자체가 자연학습장 역할을 톡톡히 했으나 아파트는 아이들과 함께할 수 있는 문화라는 게 거의 없었다. 매일 학교와 학원을 오고 가다 끝나는 게 아이들의 일과였다. 이를 지켜보면서 생명자본 육성의 필요성을 누구보다 먼저 인식한 양 교장이었다.

　"아파트에 마을공동체를 구현한다면 이웃끼리 갈등하는 일도 줄어들 것이고 아이들 교육 면에서도 긍정적인 영향을 미칠 거란 생각이 들었어요."

　그는 입주자대표회의를 소집하고 평생학습마을 공모를 논의에 부쳤다. 주민 다수가 찬성하는 가운데 부녀회와 도서 봉사자 모임에서 특히 강한 관심을 나타냈다. 그들과 함께 적극적으로 마을을 홍보한 결과 그의 아파트가 높은 점수를 받고 평생학습마을로 선정되어 시의 재정 보조 혜택을 받게 되었다. 이를 계기로 마을학교가 설립되고 그는 마을학교 운영위원장 겸 교장이 되었다.

시는 마을학교 운영에 경험이 없는 주민들을 위해 중간 수행 기관을 지정했다. 초창기에는 이 기관의 도움이 절대적이었다. 곧 1인 1평생학습 참여와 1인 1평생학습 동아리 참여 운동이 전개되었다. 마을학교 교장으로서 그는 세 가지 원칙을 세웠다.

> 첫째, 마을학교의 모든 일은 주민 협의를 거쳐 진행할 것.
> 둘째, 인근 주민의 생업에 지장을 주지 않는 범위 내에서 학습 프로그램을 구성할 것.
> 셋째, 평생학습이 자기 계발과 일자리 창출의 기회가 되게 할 것.

이렇게 해서 어린이 영어교실, 청소년을 위한 기자양성반, 오카리나 연주반 등 20여 개의 학습 프로그램이 만들어졌다. 주민들의 호응도가 높아 전체 수강생이 최소 200명에서 많게는 300명 정도로 늘어났다. 강사 양성반도 운영했다. 자격증을 취득하면 마을강사로 발탁해서 외부 활동을 할 수 있는 경험을 쌓게 해주는 시스템이었다. 마을강사가 운영하는 강좌라도 수강생이 10명 이하인 경우는 최소한의 학습비를 부담하게 했다. 이렇게 해서 주민에 의한, 주민을 위한, 주민들의 생명자본 활동이 전개되었다.

모든 일에는 돈이 들어가기 마련이다. 독지가가 나서지 않는 한 마을학교를 운영하는 일도 크게 다르지 않다. 집기부터 학습 도구에 이르기까지 크고 작은 비용이 들어간다.

양 교장은 이 문제를 어떻게 풀어나갔을까?

"저희는 공동체 안에서 봉사하는 주민들이 보람을 갖고 일할 수 있도록 모든 일에 철저한 수익자 부담 원칙을 적용했습니다. 수강생이 받는 교육은 그 자신에게 혜택이 돌아갑니다. 공짜로 받는 교육과 수업료를 지불하고 받는 교육은 그 의미부터가 남다를 겁니다. 마을 강사 입장에서도 소액이나마 보수를 받고 안 받고는 미묘하게 차이가 나겠죠."

그가 강조하는 마을학교 운영 철학은 시사하는 바가 크다. 아무리 뜻이 좋아도 무조건적인 희생을 강요하는 시스템으론 사업의 지속가능성을 담보할 수 없다. 생명자본활동가에게도 스스로가 일을 통해 갖게 되는 보람, 자긍심, 성취감 등의 내재적 보상뿐 아니라 외재적 보상이 이루어져야 한다. 이 마을 독서실은 일반 독서실의 3분의 1 수준에서 이용료를 받았다. 일반 독서실을 운영하려면 총무가 있어야 한다. 아파트 독서실에도 주야간으로 총무 역할을 하는 주민 봉사자들이 배치되었다. 양 교장은 비록 시급 천 원 정도에 불과했으나 이분들에게도 수고비를 지급하도록 했다.

"아이랑 같이 와서 책을 읽을 겸 봉사활동을 시작했는데 돈도 받고 좋네요."

봉사자들도 몹시 흡족해했다. 마을에서의 봉사활동은 육아와 경제활동을 병행하기 어려운 젊은 엄마들이 적은 돈이지만 수익을 창출할 수 있다는 점에서 호응도가 높았다. 그는 마을학교가 지속가능한 공동체의 핵심이 될 수 있도록 동대표가 마을학교 교장을 당연직으로 겸하도록 내부 규정을 만들었다. 하지만 결과적으로 이런 판단이 마을공동체를 혼란에 빠트린 배경이 될 줄은 미처 예상치 못했다.

"동대표 임기가 끝나고 마을학교를 떠난 지 2년쯤 됐을 때 안타까운 소식이 들려왔습니다. 평생학습 프로그램은 대부분 폐지되었고 30여 명의 마을학교 운영위원이 5~6명으로 줄어들었다는 거였죠. 다시 마을학교 교장을 맡아달라는 주민들의 요구가 있었습니다. 끝내 외면할 수 없었던 건 저 자신의 책임도 크다고 느꼈기 때문입니다."

봉사 정신만으로 마을공동체가 유지되진 않는다

마을학교를 둘러싼 갈등 또한 소통의 문제였다. 아파트 공동시설은 누구나 이용할 수 있어야 하는데 마을학교가 젊은 사람들 위주로 흘러간다는 게 반대 여론의 주를 이루었다.

이에 양 교장은 새로운 시도를 했다. 우선 주민들의 의견을 모아 어르신을 위한 문해교실을 추가로 설치했다. 정기적으로 열리는 동대표회의에서는 마을학교 운영 상황을 세세하게 알렸다. 형식적인 통보가 아닌 사업 보고회 방식의 정례 브리핑을 실현한 것. 이러한 조치는 반대 여론을 무마하는 데 결정적인 역할을 했다.

유독 눈이 많이 내렸던 그해 겨울, 마을에 귀한 손님이 찾아왔다.

"보통 사업 지원이 끊기면 공동체가 해체되곤 하던데 이곳은 몇 년이 지나도 마을학교를 유지하고 있군요. 여러분들 참 대단하십니다. 어려운 점이 있으면 기탄없이 얘길 해주십시오."

초대 경기도 평생교육진흥원장이었다. 폭설로 교통환경이 좋지 않았음에도 약속된 시간에 맞춰 마을간담회에 참석한 그는 소수의 자원봉사자 그룹이 마을학교를 이끌어온 사실을 알고 내심 놀란 듯했다.

그 당시 가장 큰 문제는 마을 공모사업을 주도적으로 실행할 인력이 없다는 점이었다. 워낙 인원이 적은데다 컴퓨터 문서 처리 같은 힘든 작업은 어느 한 사람에게만 집중되는 문제가 있었다.

"다른 건 우리가 감당할 테니 봉사자 한 명이라도 유급으로 전환할 수 있게 해주십시오. 공동체를 잘 아는 봉사자가 마을코디네이터로 상주하도록 최소한의 여건이 조성된다면 공동체 활성화에 큰 도움이 될 겁니다."

이는 즉석에서 나온 의견이 아니라 평소 양 교장의 소신이었다.

"아! 그거 좋은 생각이군요. 적극 검토하도록 하겠습니다. 국가는 경제적으로 어려운 이들을 위해 공공근로 사업을 시행하고 있지요. 이런 혜택은 개인에게 돌아가기 마련이지만 마을코디네이터 한 명을 배출하면 마을 전체에 혜택이 미칠 것입니다."

평생교육진흥원장은 긍정적인 답변을 남기고 돌아갔다. 그리고 몇 달 뒤.

학습형 일자리 창출 모델인 경기도 골든트라이앵글 시범 마을에 양 교장의 마을이 선정되었다. 이로써 3년간 마을코디네이터 인건비와 마을학교 프로그램에 참여하는 일부 강사비, 마을공동체 활성화 비용을 지원받게 되었다. 이와 더불어 경기도에서 운영하는 작은도서관 활성화 사업비 지원으로 독서캠프를 비롯한 도서실 문화 활성화 프로그램을 진행하는 등 마을공동체가 다시 활기를 찾아갔다.

"마을학교 교장으로 활동하면서 보람 있었던 일 중 하나는 동대표회 회의실을 주민 전체가 활용하는 북카페로 조성한 일입니다. 한 달에 한 번 사용하는 회의실이 지나치게 넓은 공간을 차지하고 있어 효율성이 떨어진다고 생각했습니다. 마을도서관은 마을학교의 모태가 된 곳입니다. 도서 봉사자 엄마들끼리 만든 도서 사랑방이 방송을 타기도 했죠."

생명자본이 살아 숨 쉬는 공간이 만들어진 배경은 이랬다. 하루는 동대표회장 중 한 분이 그에게 의견을 물어왔다. 도서관이 협소하니 바로 옆에 있는 회의실을 허물어 북카페로 만들고 동대표회의도 그곳에서 하면 마을학교 운영에 도움이 되지 않겠느냐는 것이었다.

"저로선 더없이 고마운 제안이었죠. 이 문제를 동대표회의 안건에 부친 결과 주민들을 위한 시설이니만큼 주민을 위해 사용하는 게 마땅하다는 합의를 이끌어냈습니다. 도의 지원으로 북카페 리모델링 사업도 실행되었죠."

마을학교에는 주민이 자원봉사로 운영하는 바리스타 학습 과정이 개설되었다. 10여 명의 북카페 운영팀이 바리스타 교육에 참여했다. 유명 강사를 초빙한 특강도 여러 차례 실시했다.

북카페 운영에 필요한 경비는 마을학교 기금에서 지출하게 되어 있었다. 그러나 얼마 안 되는 기금으로는 제일 중요한 커피머신을 사기도 부담스러운 형편이었다. 양 교장은 봉사자들과 인터넷으로 중고품을 검색한 결과 어느 대학교 앞 김밥집에서 한 달 정도 쓴 물건을 신품의 3분의 1 가격에 구입할 수 있었다. 이는 공동체를 꾸려가면서 구성원들과 과정을 함께한다는 점에서도 의미가 있었다.

북카페에서 파는 음료값은 일괄 1,000원으로 책정되었다. 주민들이 부담 없이 이용할 수 있게 하려면 양질의 음료를 저렴하게 즐길 수 있는 이점이 있어야 했다. 재료비와 전기세, 수도세 등 기본 유지비를 충당하기에도 빠듯한 수익 구조 안에서 바리스타 봉사자들에게 책정된 인건비는 하루 10,000원도 안 되었다. 다만 500원이라도 시급을 올려줄 방법은 없는지 고심하는 그에게 이분들이 이구동성으로 하는 말이 있었다.

"올리긴 뭘 올려요? 천 원짜리 음료 팔아서 뭐가 남는다고."

양 교장은 미안한 마음 한켠으로 감동이 밀려왔다. 마을학교 사업에 참여한 모든 마을 사람들이 귀한 생명자본활동가였다. 또한 자기 돈을 아끼는 것이 아님에도 한 푼이라도 싼값에 커피 머신을 사기 위해 기꺼이 발품을 팔고 다닌 소중한 생명자본들이었다. 이는 노동가치를 중요시하는 사회주의에서도 보기 어렵고 효용가치와 교환가치를 추구하는 자본주의에서도 기대하기 힘든 현상이다. 마을에서 사회주의와 자본주의적 접근 방식이 균형을 이룬 개념이 통하게 된 것이다. 어려서부터 사회주의와 자본주의의 긍정적 측면을 몸으로 터득하면서 자란 아이들은 균형적 사고의 DNA를 갖추고 성장하게 된다. 양 교장의 마을학교는 그런 곳이었다. 학교에선 가르치지 않는 생명자본주의적인 프로그램이 넘쳐나는 곳. 따스하게 함께 살아가는 공동체를 지향하는 마음들이 일궈낸 생명자본마을에서나 가능한 일이다.

북카페가 개업하던 날은 일요일이었다.

"할머니와 손녀가 노트북을 앞에 두고 차를 마시는 광경이 제일 먼저 눈에 들어왔어요. 다른 한쪽에선 부부가, 엄마와 딸이, 주민과 주민이, 교복을 입은 학생들이 모여 앉아 이야기꽃을 피우는 모습이 보였죠. 가슴이 뭉클했어요. 오랫동안 그려온 마을 사랑방이 거기 있었으니까요."

이웃끼리 반목하고 갈등하던 마을은 그렇게 서서히 생명자본이 싹트는 텃밭으로 탈바꿈하고 있었다.

사람을 키워주는 생명자본마을학교

양 교장은 최근에 아주 반가운 이야기를 들었다. 오카리나 학습반 수강생 그룹이 연주 실력을 인정받아 시에서 주관하는 행사에 초대를 받았다는 소식이다. 평생학습 강사 양성 프로그램을 통해 배출된 마을강사들은 기업체나 지자체에서 전문 강사로 활동하고 있다. 마을코디네이터 두 명 중 한 명은 시청 계약직으로 근무하고 있고, 다른 한 명은 임기제 공무원이 됐다.

"마을학교에서 이루어지는 평생학습은 마을의 발전을 위해서도 필요하지만, 개인의 성장을 이루는 매개체로서 기능할 때 의미와 가치를 갖는다고 생각했어요. 저는 마을학교 교장으로서 단 한 번도 내 주장을 내세운 적이 없습니다. 구성원들이 아이디어를 내놓으면 거기에 살을 붙여 의견을 제시하는 선에서만 관여했죠."

공정여행 프로그램도 그중 하나였다. 일명 '착한 여행'으로도 불리는 공정여행은 환경을 보호하면서 지역의 문화와 경제발전을 추구하는 여행 프로그램이다. 마을학교에 이 프로그램을 제안한 건 30대의 젊은 엄마였다. 그녀 역시 알아주는 사람은 없어도 훌륭한 생명자본활동가로서의 잠재력을 지니고 있었다. 양 교장이 마을에서 생명자본의 장을 펼쳤기에 그녀에게 내재되어 있던 생명자본이 빛을 내게 된 것이다. 묻혀 있던 생명자본이 제 역할을 할 수 있는 환경이 조성되면 생명자본활동가는 도처에서 우후죽순처럼 나타나게 되어 있다.

"우리 마을은 생태공원도 있고 공정여행 상품을 만들 만한 조건이 갖춰져 있는데 마을학교와 여행 프로그램을 묶어 일자리 창출 프로그램으로 활용할 수 있지 않을까요?"

자연이라는 마을의 또 다른 생명자본을 가꾸려는 시도였다. 양 교장은 이 말을 듣고 마을학교 설립 취지에 딱 들어맞는 아이디어라고 생각했다. 주민자치위원회 의결을 거쳐 개설된 프로그램을 통해 20여 명의 공정여행 기획자가 배출되었다. 현재는 협동조합 형식으로 운영되며 자체 내의 일자리 창출은 물론 마을 관광 수입에도 일조하고 있다.

2016년 그는 시흥시 시민대상 수상의 영예를 안았다.

"마을학교 교장으로 활동한 이력이 수상의 이유겠으나 정작 이 상을 받아야 할 대상은 열정적으로 공동체를 가꿔온 주민들입니다. 말 그대로 주민들이 있기에 가능한 우분투^{Ubuntu}의 승리입니다."

생명자본활동가로서의 겸손과 겸양이 빛나는 대목이다. 양 교장이 마을학교를 떠난 지 7년이 지났다. 엊그제는 아파트 단지 내에 조성한 상자 텃밭 모종을 알리는 연락이 왔다. 그는 다양한 배경과 경험, 전문성을 가진 마을 어른들이 아이를 인재로 키우는 가장 훌륭한 스승이라는 것을 너무나 잘 알고 있다. 주민들이야말로 마을의 아이들에게 행동으로 가슴으로 무한한 상상력과 지적 호기심을 자극하는 스토리텔러라고 믿는다.

아이들이 마을의 어른들에게서 삶의 지혜와 자연의 이치를 배우면서 미래의 생명자본가로 성장하는 모습을 지켜보는 게 그에게는 일상의 힐링이자 삶의 의미가 되었다. 대화형 인공지능 서비스 챗GPT는 도저히 따라올 수 없는 창발형 인재가 마을에서 탄생하는 꿈이 실현되길 기대하는 행복은 덤이다.

문해강사는 한을 치유하는 생명자본활동가
―모두를 위한 교육, 아무도 뒤처지지 않은 교육을 위하여

문해학당 할머니 할아버지들은 유영은 문해강사를 '선생님'이라 부르며 친손녀 대하듯 한다.

"문해학당에 오는 분들은 배고픔을 해결하는 걸 생존의 우선순위에 두고 어려운 시기를 견뎌낸 어르신들입니다. 제가 조금 아는 것으로 이 어르신들을 도울 수 있다는 게 저로선 큰 행복이구요."

마음가짐부터가 생명자본활동가의 기본 덕목을 갖췄음을 알 수 있다. 그녀는 부자가 아니지만 강사료를 받기 위해 문해강사로 활동하는 건 아니다. 배움의 기회조차 가져보지 못한 채 평생을 헌신한 어르신들의 노고를 이렇게나마 되돌려드리는 것에 후대로서 보람을 느낀다.

"어르신들 대부분이 이런 말씀을 하세요. '나 살아온 얘기? 말도 말어. 책으로 쓰면 열 권, 스무 권도 모자라지.' 글을 통해 마음속에 쌓인 한을 풀 수 있도록 돕는 게 저희 문해강사들의 역할이고 소임이라 생각해요."

그녀가 문해교실에서 만난 어르신들은 K―파더 혹은 K―마더의 전형적인 모습을 하고 있다. 아득한 세월 저편의 이야기보따리를 덤덤하게 풀어내는 말 끝마다 짙은 한숨이 실려 있다. 가슴에 맺힌 한은 퍼내고 퍼내도 마를 길이 없건만, 서럽고 기막힌 지난 날의 일들을 말로는 이루 형용할 도리가 없는 까닭이다.

유네스코는 문해교육의 목적을 '그 사회의 문화를 이해하고 정치, 경제, 사회, 직업적 적응에 불편을 느끼지 않을 정도의 의사소통 능력 함양'에 두었다. 우리나라는 현재 여러 도시에서 정규교육 기회를 놓친 성인들에게 학력 취득 기회를 제공하는 동시에 문자해득 능력을 길러주는 문해교육 프로그램을 운영하고 있다. 기초 한글 교육과 생활문해 교육을 통해 사회활동 참여기회를 넓혀주기 위한 목적이다.

문해강사들이 살아온 배경은 각양각색이다. 공무원이나 교사 등 한 가지 일만 하다가 퇴직한 사람, 은퇴 후 다양한 분야의 자원봉사에 참여했던 사람, 사회복지사, 유치원 정교사, 아동심리 상담사 등의 자격증 소지자, 공직생활하면서 취득한 이런저런 자격증들을 활용할 방법을 찾아 제2의 인생 시작점에서 새로운 도전으로 문해교육 강사 자격증을 딴 경우도 있다.

어르신 대상 문해교육 강사는 지역에서 개설한 소정의 교육과정과 실습을 거쳐 자격증을 취득한 뒤 현장에 투입된다. 강사료는 지방자치단체에 따라 조금씩 차이가 있지만 시간당 3~4만 원 내외, 한 달에 50만 원부터 많게는 150만 원 정도의 보수가 따른다.

대부분의 문해교육 강사들은 돈을 그다지 중요한 선택 기준으로 여기지 않는다. 그렇다고 그들이 무슨 황금 보기를 돌같이 하는 사람이라는 뜻은 아니다. 문해교육은 은퇴 후 직업이라는 개념보다는 사회로부터 받은 혜택을 가족과 지역사회, 나아가 국가를 위해 헌신한 어르신들에게 보답하고자 하는 의미가 더 크다. 자신들의 재능이 그분들의 일상생활을 풍요롭게 하고 삶의 즐거움을 깨우치는 도구로 쓰일 수 있다면 그것으로 족하다고 생각한다.

생명자본활동가는 마음이 부자인 사람들이다. 그 누구보다도 타인을 위해 소중한 시간을 아낌없이 투자하고 있기에 시간의 질적인 측면에서 '시간의 부자'이기도 하다. 황금만능주의에 빠져 자신만의 부귀영화를 위해 살아가는 이기적인 사람들과 비교한다면 이들이 왜 생명자본활동가인지를 알 수 있다.

유영은 문해강사는 문해교육이 개인의 취미나 교양, 학력 향상을 위한 평생교육 프로그램과는 다른 차원에서 이루어져야 한다고 말한다. 이유가 뭘까?

"우리에겐 배움에 목마른 어르신들의 한을 풀어준다고 하는 사명이 있습니다. 어쩌면 치유자의 역할에 더 적합한 일이죠."

그녀는 문해 강사직을 단지 돈벌이의 수단으로만 생각하면 어떤 보람이나 행복도 느낄 수 없을 것이라고 단언한다. 그래서인지 그녀의 교실은 항상 따뜻한 정이 넘친다.

"그땐 너나없이 사는 게 팍팍했어. 학교는 언감생심이었지. 국민학교(초등학교) 문턱도 못 넘어본 게 나뿐만이 아니었으니까. 그런데 환갑 넘어 이렇게 책상에 앉아 편하게 공부하게 될 줄 어찌 알았겠누?"

"세상이 이만큼 좋아진 게야!"

어르신들이 글자를 배우면서 즐거워하는 모습이 그녀에겐 강한 동기를 부여했다.

"의무교육 세대인 우리가 당연하게 누려온 것들은 이분들의 희생으로 주어진 혜택이란 생각이 들더군요. 이제라도 보답을 해드리는 게 당연한 일 아닐까요?"

대한민국의 오늘이 있게 한 어르신들에게 작은 기쁨이라도 안겨줄 수 있다면 더 바랄 게 없는 그녀다.

문해교육은 마음으로 하는 것

문해학당에 오는 어르신들은 하나같이 수줍음을 많이 탄다. 늦깎이로 공부를 시작한 게 당신 잘못도 아니고 오히려 축하받을 일임에도 불구하고 공연히 움츠러드는 모습을 보인다. 누구 못지않게 지혜롭고 열정적으로 삶을 헤쳐온 어르신들이 비문해로 인해 겪어야 했던 불이익과 소외감이 상처로 남아 모든 걸 자신의 탓으로 돌리는 모습이 그녀를 안타깝게 한다.

"배우고자 하는 열망, 목적, 주어진 환경, 학습 능력은 열이면 열 모두 다릅니다. 어르신들이 끝까지 포기하지 않고 목표에 도달할 수 있도록 돕는 게 문해강사의 본분이고 사명이라고 생각해요."

사람이 동물과 다른 점은 타인과 더불어 성장하는 데서 행복을 느끼는 존재라는 데 있다. 그런 면에서 그녀는 생명자본활동가로서 훌륭한 자질을 지녔다.

산소나 물이 흔하다고 해서 가치가 없는 것은 아니다. 설령 유명 대학의 교수만큼 그 존재가치를 인정받지 못할지라도 문해강사는 우리 사회에 없어선 안 될 사람들이다. 글을 배우는 어르신들은 이들로 인해 자존감을 회복하고 한 걸음 한 걸음 앞으로 나갈 수 있는 용기를 얻는다. 때로는 인생 도우미로서 어르신들과 걸음마를 함께하며 돈으로 살 수 없는 행복을 찾아주는 길라잡이 역할을 한다.

이러한 문해강사들이야말로 진정한 생명자본, 비타캐피탈리스트라 할 수 있다. 이웃을 돌아볼 줄 아는 마음은 생명자본활동가가 갖춰야 할 가장 기본적인 덕목이기 때문이다. 문해강사를 단순한 일자리의 기회로 본다면 그 일은 참으로 고달픈 일이 된다. 남들은 한 달에 몇백만 원씩 버는데 비교가 안 될 정도로 적은 수입에 자괴감을 느낄 수도 있다. 그러나 문해강사는 경제적 활동을 목적으로 고수익을 거둬들이는 사람은 경험하기 어려운 내적 충만감을 경험하게 된다. 문해강사는 학습자의 심적 동인에 공감하고 그들의 성장을 돕는 과정에서 자긍심을 느낀다. 이는 생명자본의 핵심가치와도 통한다. 공기 중의 산소는 금융가치가 없지만 산소가 없으면 인간의 생명이 유지될 수 없다. 생명자본활동가는 우리가 소중함을 잊고 사는 산소와 같은 존재이다.

생명자본활동가라고 하니 대단한 것 같지만 꼭 그렇지만은 않다. 우리가 함께 살아가는 데 필요한 생명자본을 확산하는 사람들이 바로 생명자본활동가들이다.

"문해강사는 마음으로 하지 않으면 할 수 없는 일이죠."

그녀는 어르신들의 행복을 위해 봉사하는 직업을 가졌음을 매우 자랑스럽게 여긴다. 문해학당 어르신들은 문해강사의 칭찬을 먹고 성장하며 삶의 의미를 찾아가기에 이러한 마음가짐이 더욱 필요하다. 그녀는 글자 하나라도 더 배우려고 반짝이는 어르신들의 눈빛이 어린아이의 순수함을 닮았다고 이야기한다. 머리에 함박눈을 덮어쓴 백발의 할아버지 할머니가 옹알이하듯 글자를 되새기며 혹 실수라도 했을까 움츠러들 때 그녀의 칭찬 한마디는 엄청난 위력을 발휘하곤 한다.

"이런 창의력은 처음 봐요! 근데 어르신 혼자서 너무 잘하려고 하시면 선생이 할 일이 없어지잖아요?"

"그래? 우리 선생님 할 일이 없으면 안 되지. 제대로 가르쳐줘 봐."

"'방학 때 할아버지 집에 와라. 같이 놀이공원 가자'고 쓰고 싶으신 거죠?"

"응!"

"같이 가자고 할 때 소리 나는 대로 '가치'라고 쓰지 않고 '같이'라고 쓰면 손녀딸이 더 잘 알아들을 거예요."

"어쩐지 자꾸 헛갈리더라. 내가 성미가 좀 급하거든. 하하하!"

"손녀딸을 빨리 보고 싶어 글자가 받침도 안 달고 멋대로 달려갔나 봐요."

"맞아, 맞아!"

"이크! 그러고 보니 여기도 받침이 빠졌네."

"나도 마음이 급해도 한참 급했네. 호호!"

그녀의 교실에선 이런 식의 대화가 일상이 되었다. 잘못 쓴 글자를 바로잡아주면서 건넨 농담에 어르신들은 폭소를 터뜨리고 그녀도 웃을 일이 생긴다. 서로 믿고 가는 마음이 없으면 그려질 수 없는 정경이다.

문해강사는 보람을 먹고 산다

유영은 문해강사는 본인과 가족의 이름이나 전화번호처럼 꼭 알지 않으면 안 될 것들만 겨우 쓸 줄 알던 어르신들이 글로 세상과 소통하기 시작할 때 가장 큰 기쁨을 느낀다.

"우리 손자가 유난히 책을 좋아해. 매일 직장 다니는 제 엄마에게 책 읽어달라고 조르는 게 일이지."

하루는 어르신 한분이 넌지시 속에 있는 말을 털어놓았다.

"나한텐 눈에 넣어도 안 아픈 손주 녀석인데, 행여라도 동화책을 읽어달라면 어쩔까 겁이 나서 도무지 곁에 갈 수가 없는 거야. 뭘 사주든 만들어주든 다른 건 다 해줄 수 있는데 원체 까막눈이라…"

칠순이 넘은 연세에 한글을 배우기로 결심한 결정적인 이유가 손자한테 동화책을 읽어주기 위해서라는 고백이 안쓰러웠던지 옆에 있던 어르신이 말을 거든다.

"머리가 나빠서 글을 모르는 게 아니야. 똑똑하기론 어디 내놔도 빠지지 않는 양반이 전쟁통에 먹고살기 바빠 학교를 못 다닌 게 죄라면 죄지."

가만히 듣고 있던 또 다른 어르신은 아무에게도 말하지 못했던 아픔을 꺼내 보인다.

"아들이 죽기 전에 쓴 일기랑 편지가 있어. 워낙 속이 깊은 자식이라 힘든 내색을 전혀 하지 않았거든. 어떤 고민이 있었는지, 나한테 무슨 말을 남겼는지, 생각하면 억장이 미어지는데, 창피스러워서 손녀한테 읽어달라고 할 수가 있어야지. 죽기 전에 그걸 다 읽어보는 게 내 소원이야."

이혼하고 갑작스레 세상을 떠난 아들 대신 홀로 중학교에 다니는 손녀딸을 돌보는 어르신이다.

'모두를 위한 교육, 아무도 뒤처지지 않는 교육'이란 유네스코의 캐치프레이즈가 새삼 그녀에게 무거운 책임감을 느끼게 한다.

어르신들에게 가장 절실한 게 무엇일까?

그녀는 문해학당 어르신들이 단 한 분도 낙오 없이 목표를 이루도록 같이 기다려주는 데 학습의 방점을 찍었다.

"요즘은 내가 며느리보다 훨씬 더 재미있게 동화책을 읽어준다오. 하루에도 몇 권씩 들고 와서 읽어달라고 하니 이제야 사는 맛이 나네, 그려!"

동화책을 들고 있는 손주가 제일 무섭다고 했던 어르신은 비로소 삶의 의미를 되찾은 것처럼 자랑에 침이 마른다. 핸드폰 문자를 보내고 받을 수 있게 된 것만으로도 한없이 행복해하는 어르신들. 띄어쓰기는 서툴러도 오타 하나 없이 완벽한 문장은 요즘 젊은이들보다 낫다.

"방금 손녀딸과 카톡을 했어. 이게 사랑한다는 표시 맞지?"

"네, 맞아요! 이렇게 하트가 뿜뿜하는 건 손녀가 할머니를 무지무지 사랑한다는 뜻이에요."

"그래? 그럼 나도 사랑한다고 말해줘야지. 똑같은 모양으로 보내면 되지?"

인생의 한을 푸는 순간이다. 아들의 일기와 편지를 읽어보는 게 소원이라던 어르신은 고맙다는 인사와 함께 하염없이 눈물을 흘렸다. 문해강사로서 그녀의 마음이 뜨거워지는 순간이다. 글자를 하나씩 깨우치기 시작한 어르신들의 지적호기심은 끝이 없다. 동화책이든 고전이든 평생 읽어보지 못한 책들이 이분들에겐 전부 교과서가 된다. 인간은 모두 존중받아 마땅한 존재들이다. 삶 전체를 놓고 볼 때는 어느 것 하나 부족함이 없는 어르신들이 그녀에겐 더할 나위 없이 훌륭한 스승들이다.

"글은 제가 가르치지만 사실 제가 배우는 게 더 많습니다. 지식만으론 알 수 없는 인생의 지혜를 어르신들에게 배우니까요."

그녀는 문해강사 활동을 통해 스스로 많은 성장을 이루었다고 이야기한다. 문해교육 과정에서 서로에게 생겨난 신뢰, 자신감, 그리고 같은 마을 주민으로서 느끼는 행복은 공동체의 이익과 연결된다. 그리하여 마을은 숨 쉬는 유기체적 생명자본이 역동하는 비타 빌리지로 성장한다.

이제 지방자치단체의 정책도 교환가치, 사용가치적 측면보다는 생명자본의 근원적 가치에 의미를 두어야 한다. 그것이 우리가 그려나가야 할 생명자본마을의 핵심이다.

위기 속에서 새로운 기회를 만들어내는 생명자본활동가의 힘
─대한민국 방방곡곡을 문화자족 도시로

희망찬 사람은
그 자신이 희망이다.

박노해 시인의 시 '다시'의 첫 구절이다. 우리 사회는 코로나로 인해 그간 경험하지 못했던 비대면 문화로 접어들면서 많은 변화를 겪었다. 사람만이 희망이라고 노래한 시의 마지막 구절이 새삼 의미로운 이유다.

1990년 주민센터 사회복지업무 담당자로 공직생활을 시작한 박기철 기획관은 환경지도, 체육청소년, 개발사업 기획, 일자리센터 운영, 평생교육과 등 12개 부서에서 일한 경험이 있다. 시 정책기획관으로 평생학습뿐만 아니라 도시재생, 주민자치, 환경 등에 관한 기획·조정 및 예산 편성, 조직관리, 법무행정을 담당하기도 했다.

"시의 발전과 시민의 행복 추구는 물론, 조직 구성원들이 행복한 마음으로 일할 수 있도록 환경을 조성하는 것도 나의 임무이자 소명이라 생각했습니다."

공무원을 조롱하는 '어공'이니 '늘공'이니 하는 신조어가 생겨난 건 어제오늘의 일이 아니다. 복지부동이니 업무태만이니 권위적이니 하는 말이 세트화된 건 더 오래된 일이다. 뼈아픈 일이지만 그가 딱 잘라 아니라고 할 수도, 그렇다고 전부 다 수긍할 수도 없는 건 30년 동안 공직에 있으면서 느낀 바가 많았기 때문이다.

어느 조직이나 마찬가지겠으나 공무원 사회라고 무사안일을 추구하는 사람들만 있는 건 아니다. 청렴하고 공정한 리더십으로 시민사회에 봉사하고 지역사회 발전을 선도하는 이들도 얼마든지 있다. 한 마디로 '그 자신이 희망'인 사람들이다.

"당나라의 선승 임제 선사는 수처작주隨處作主 입처개진立處皆眞이라 했습니다. 어느 곳에 가든지 머무는 곳에서 주인이 된다면 그곳이 바로 진리의 자리라는 뜻입니다. 공무를 처리할 때 저는 기존 관행이나 업무형식을 따르기보다는 어떻게 하면 더 효율적으로 일을 처리해서 주민들에게 혜택이 돌아갈까 고민해왔습니다. 공복으로서의 본분에 충실하게 임하는 것이 내가 있는 자리에서 주인이 되라는 임제선사의 가르침을 따르는 길이라 생각하기 때문이죠".

박기철 기획관 역시 '그 자신이 희망'인 사람 중 하나다. 그는 항상 새로운 일을 시작할 때 가슴이 설레고 도전 의식이 충만해진다. 노무현 정부 시절 지방혁신전문가 양성과정이 신설되었다. 이때 그는 퍼실리테이터 양성과정을 처음으로 접했다. 일하는 방식을 개선하고 조직문화를 혁신하기 위해서는 직원 워크숍이나 토론을 이끌어줄 퍼실리테이터의 역할이 절대적이라는 사실을 1개월간의 교육과 문제해결 체험을 통해 절실히 깨달았다.

"우리 시의 한 아파트 단지는 3개 동 전체에 취약계층이 거주하고 있었습니다. 특히 복지 사각지대에서 실업이나 이혼으로 인한 가족해체의 아픔을 겪고 알콜 등의 문제에 노출된 위기가정에 대한 관리가 제대로 이루어지지 않는 상태였죠. 코로나로 주민과 주민 간의 소통이 뜸해져 멀쩡한 사람도 우울증이나 조울증에 빠져 자살자가 늘어나는 마당에 특단의 조치가 필요했습니다."

시의 정책기획관으로서 그는 코로나로 인해 축소된 대면 행사비를 재난 예비비로 편성하고 위기가정을 위한 돌봄 자금으로 활용했다. 국민디자인단이 추천한 퍼실리테이터와 마을주민, 관계 공무원이 격주로 토론회를 갖고 협력해서 만든 '마음 쉼터'가 그것이다.

갈등 해결의 유일한 돌파구, 역지사지

"공무원의 정책 결정에는 무수한 변수가 존재합니다. 한정된 물적·인적·금전적 자원을 보다 효율적으로 활용하기 위해서는 그것이 왜 필요한지, 정말 시급한 것인지, 수혜자가 얼마나 되는지, 그 정책이 타당한 것인지에 대한 종합적 판단이 요구되죠. 아울러 의사결정이나 집행과정에 전문가와 이해관계자의 참여가 더해져야 정책의 완성도를 높일 수 있습니다."

공무원들은 예산, 규정, 전례에 치여가며 상사의 지시를 거역하기 힘든 구조에서 일하기 때문에 자신들이 재량껏 처리할 수 있는 일이 별로 없다고 생각한다. 그러나 수처작주의 마음으로 업무에 임하게 되면 공무원의 재량권은 한없이 넓어진다. 물론 위험이 따르겠지만 무사안일하게 공직생활을 마무리하는 것보다 시민을 파트너로 생각하고 그들을 신뢰하며 소신껏 일하는 것이 무엇보다 자신에게 의미가 있다는 것을 그는 잘 알고 있었다.

하나의 정책이 실현되기까지 거쳐야 할 과정은 수없이 많다. 민원인은 왜 빨리 해결을 안 해주느냐고 항의가 빗발치는데 집행부서에선 왜 이렇게 비용이 많이 드느냐, 예산 편성에 문제가 있는 거 아니냐는 둥 말도 많고 탈도 많다. 담당자는 이 과정에서 혼자만의 고뇌에 직면할 수밖에 없다.

누가 알아주지도 않는데 꼭 이렇게까지 해야 하나?

박 기획관은 이런 생각이 들 때마다 역지사지의 마음가짐으로 스스로를 무장하곤 했다.

"주민의 입장에서 공무원은 해결사와 다르지 않습니다. 요구는 무조건 들어줘야 하고 처리는 속전속결이어야 하는데 담당자는 넘어야 할 산이 많죠. 주민의 주장이 다 옳지 않을 수도 있습니다. 그렇더라도 안 되는 사유가 무엇인지 또 대안은 무엇인지 끊임없이 소통하고 이해시켜야 하는 게 공무원의 역할이죠."

민원 제기 사유에 충분히 공감한다 해도 집행부서를 설득하기가 쉽지 않을 때도 있다. 그는 양측 모두를 배려하여 공명정대하고 투명하게 문제를 해결해 나가는 게 담당자의 사명임을 역설한다. 그래도 심적 갈등이 전혀 없을 순 없지만, 이를 극복하는 것 또한 생각하기 나름이다.

"제가 생각하는 건 두 가지입니다. '주민은 왜 그런 민원을 제기했을까?' '시의회 의원들은 어째서 이 일을 반대하는 걸까?' 세상에 역지사지로 이해 못 할 일은 없습니다. 결국 중요한 건 소통의 문제니까요."

대부분의 공무원은 업무 처리 전에 가장 먼저 규정을 들여다본다. 규정에 없으면 일을 처리할 수 없다고 하기 일쑤다. 새로운 사업이라도 할라치면 그 사업과 관련된 규정을 찾지만 그런 게 있을 리 없다. 이럴 때 대개는 불가하다는 입장을 먼저 제시한다. 그게 무사안일이라는 생각조차 하지 않는다. 규정이라는 것은 과거의 경험을 바탕으로 나중의 일을 담당할 공무원들이 일을 잘못 처리하지 않도록 방지하기 위한 참고사항에 불과하다. 그러나 대부분의 공무원들은 규정을 감사에 대비한 바이블로 생각한다. 하지만 박 기획관은 마음가짐부터가 다르다.

"민원인을 고객으로 생각하면 규정을 넘어서라도 해결 방법을 찾아주려고 노력하는 게 당연하지 않겠습니까?"

그는 공무원이 생명자본활동가로서 갖춰야 할 가장 중요한 덕목을 스스로 깨우치고 있었다.

공무원 평생교육사

박 기획관이 몸담고 있는 시는 주민의 60% 이상이 외부에서 유입되었다. 초기 단계부터 급증하는 인구 대비 시설 및 행정력의 부족으로 주민과 주민, 주민과 시의 소통이 원활하지 못했다. 그러다 2019년부터 100여 개의 신도시아파트 단지에 각종 커뮤니티 공간이 생기면서 대화의 장이 마련되었고 평생학습마을이 조금씩 늘기 시작했다.

"신도시 아파트 주민들은 지역에 거주하며 서울로 출퇴근하는 경우가 많아 이웃 간에 왕래가 거의 없었죠. 저는 평생학습을 통해 마을공동체가 싹을 틔우는 현상을 매우 고무적인 변화로 받아들였습니다. 이를 확장해야 할 필요를 느낀 거죠."

박 기획관은 2020년과 2021년 세계시민 퓨처리더 교육을 실시했다. 코로나가 성행하던 시기였기에 내부적으로 많은 반대가 있었다. 문제가 생기면 모든 것을 책임질 각오로 그는 직을 걸고 이 사업을 강행했다. 주민들의 행복을 위해 필요한 사업을 코로나 핑계로 포기하는 건 일종의 직무유기로 생각했다.

불교에는 까르마^{karma}라는 용어가 있다. 업業 또는 업보業報, 응보應報라는 한자어와 같은 의미로 쓰인다. 현재의 행위는 그 이전 행위의 결과로 생기는 것이며, 그것은 또한 미래의 행위에 대한 원인으로 작용한다는 뜻이다. 생명자본활동가도 마찬가지다. 현재의 행위가 미래에 일어날 일의 원인이 된다는 것을 너무나 잘 알고 있다.

"사업을 시행하지 않아도 공무원의 월급에는 전혀 영향이 없을 뿐더러 코로나라는 좋은 방패가 있으니 차라리 안 하는 게 남는 것일 수도 있었겠죠. 저는 주민 간의 소통 부재 및 관계의 단절로 인한 우울증, 학습 기회 상실에 따른 의욕 저하 등의 기회비용을 생각한다면 위험하더라도 최대한 방역에 노력하면서 추진하는 것이 옳다고 생각했습니다."

마을코디네이터가 운영하는 평생학습마을 사업은 7개로 시작되어 2년 만에 32개로 늘었다. 시에서는 시민대학을 통한 평생학습 활성화의 일환으로 학습 코디, 평생학습마을 운영자, 평생학습 매니저가 평생교육사 자격을 취득할 수 있도록 지원하였다. 앞으로는 평생학습마을 퍼실리테이터가 주도하는 토론과 학습을 통해 주민 스스로 마을 문제를 해결하고 시정에도 참여해 예산 확보 및 실행의 기회를 갖게 될 것이다. 박 기획관은 마을에서의 학습을 통한 생명자본의 형성과 발굴, 그리고 확산이 미래에 우리 마을의 모습을 가꾸어 나갈 것이라는 확신을 가지고 있었다.

"코로나로 교육을 연기하거나 폐지했다면 모든 과정이 사라졌겠지요. 어쩌면 주민들의 열정까지도 함께 소멸했을 겁니다. 위험을 감내하고라도 필요한 일을 실행하는 것이 공무원의 책무라는 생각에는 변함이 없습니다."

공무원으로서 그는 어느 부서에 근무하든 그 분야의 전문가가 되어야 한다는 철학을 갖고 있다. 업무에 임할 땐 해당 업무의 취약점이 무엇인지 파악하고 다른 시군에서는 이를 어떻게 보완, 발전시키는지 배우고 실행하는 것에서 보람을 느낀다.

최근 박 기획관에게는 평생교육사라는 새로운 직함이 생겼다. 그렇게 많은 부서를 섭렵하고도 부족한 게 있었던 걸까?

"학습 내용을 제대로 알아야 소신을 갖고 지원할 수 있겠다는 생각이 들었거든요."

그가 관련 직원들과 함께 평생교육사 자격증을 취득한 이유다. 시민 누구나가 쉽게 배우고 학습하며 지식의 선순환이 이루어지는 평생학습마을, 역사와 문화, 예술이 풍성하게 어우러져 활력이 넘치는 공동체. 그가 꿈꾸는 마을의 이상적인 모습이다. 생명자본마을 만들기의 주역이자 생명자본활동가로서 그는 오늘도 묵묵히 자신에게 주어진 소임을 다하고 있다. 어느 부서에서 어떤 업무를 담당하든 그 자리의 주인이 되기 위한 역량개발 노력은 그에게 너무나 자연스러운 과정이 되었다.

우크라이나의 평생학습 전도사
―배우고자 하는 열정이 그가 가진 재능이다

우크라이나의 참혹한 실상이 연일 매스컴에 오르내리던 2022년 봄.

"무장한 러시아 군인들이 밤중에 우크라이나의 남부 도시 멜리토폴Melitopol 민가를 급습하여 100여 명의 지역 지도자를 납치해갔습니다. 현재 이들의 행방을 아는 사람이 없습니다."

텔레비전에서 뉴스가 흘러나오고 있었다. 독일 유네스코 평생학습연구소 근무 경험이 있는 이문우 박사는 뒤통수를 세게 얻어맞은 듯 충격에 휩싸였다. 러시아 군에 납치된 우크라이나인 가운데 세르게이Priyma Sergey Nikolaevich라는 낯익은 이름을 발견했기 때문이다.

"마이 네임… 세르게이"

영어로 간단한 자기소개도 할 줄 몰라 얼굴을 붉히던 모습이 눈에 선했다. 멜리토플시의 부시장 겸 지역위원회 위원장인 세르게이는 독일 유네스코 평생학습연구소가 제공한 2016년 국제학자 초청 프로그램 참여를 계기로 이 박사와 인연을 맺었다. 평생학습을 전 세계에 확산하는 차원에서 각국 학자들에게 한 달간 연수 기회를 제공하는 프로그램이었다.

"세르게이라는 사람은 영어를 못하는데 어떻게 뽑힌 거지?"

"지원서는 아주 잘 작성했던데 저렇게 영어를 못하다니."

직원들은 다소 황당한 반응을 나타냈다. 공용어인 영어를 모르면 소통이 거의 불가능한 프로그램이었으니 그럴 만도 했다. 세르게이는 우크라이나 멜리토폴대학 교수 신분으로 이 프로그램에 참여했다.

"영어는 서툴러도 평생학습에 대한 열정이나 관심만큼은 누구에게도 뒤지지 않았습니다. 조만간 자기 나라에 많은 변화를 가져올 인재라고 생각했죠."

이 박사가 기억하는 세르게이는 평생학습 전도사로서 자질이 충만한 인재였다. 다소 불편하긴 해도 스마트폰 앱으로 소통하는 데 큰 문제는 없었다. 함께 일하는 직원들은 그런 노력이 별 필요 없다고 생각했기 때문에 세르게이와 시간을 보내는 이 박사에게 내심 못마땅한 기색을 내비쳤다.

"우리 일도 바쁜 마당에 굳이 한 사람을 위해 그렇게까지 하실 필요가 있겠습니까?"

"그래도 누군가는 손을 내밀어야만 하지 않겠습니까? 이 상황에서 아무도 그를 도와주지 않는다면 우크라이나에서의 평생학습은 싹을 틔우기 어려울 겁니다."

유네스코 평생학습연구소에서 일하는 직원들의 출신 국가는 20개국이 넘었다. 멕시코 출신의 직원이 가장 불만이 컸다. 하지만 그에 동조하던 다른 직원들은 이 박사의 말에 입을 다물었다. 이후 그는 시간 날 때마다 필담을 나누듯 세르게이와 폰^{phone} 담을 나누었다. 프랑스 국적의 인턴이 세르게이와의 소통을 도왔다. 희한할 정도로 그 인턴은 세르게이의 말을 잘 이해했다. 그러는 사이 세르게이에 대한 이 박사의 확신은 더욱 강해졌다. 자주 대화하면서 친밀감이 쌓이자 그는 이 박사를 '사부'로 칭하며 이것저것 질문을 하기 시작했다.

그로부터 몇 달 후.

이 박사는 무사히 연수를 마치고 우크라이나로 돌아간 세르게이로부터 반가운 문자 메시지를 받았다.

"사부가 가르쳐준 대로 우크라이나에 평생학습 프로그램을 조직했어. 학습주간 행사를 축제 형식으로 기획했는데, 사부가 와서 축하도 해주고 특강도 해주면 고맙겠어. 가능하겠지?"

번역기를 돌려서인지 말하고자 하는 바가 명확했다.

"말투에 자랑이 묻어나더군요. 그가 너무 자랑스러웠어요. 역시 내가 잘못 본 게 아니란 생각이 들었어요."

이 박사는 즉시 답문을 보냈다.

"당연히 가야지! 축하해, 세르게이!"

조직의 승인은 뒷일이었다. 어렵게 첫발을 내딛은 그를 축하해주고 싶은 마음은 이미 우크라이나에 가 있었다. 몇 번이고 고마움을 표하던 세르게이는 곧 항공권을 보내왔다. 예산이 적었던 탓인지 비행기를 한 번 타면 갈 수 있건만 두 번씩 갈아타야 하는 여정이었다.

"멜리토폴은 80년대 초반 우리나라의 소도시를 연상하게 했습니다. 사회주의 국가의 흔적이 남아 있는 거리에서 뭔가가 비어 있는 듯한 느낌을 받았어요."

이 박사가 전하는 멜리토폴의 첫인상이다. 놀라운 건 세르게이였다. 그는 어느새 우크라이나 변혁의 주역이 되어 있었다. 멜리토폴을 유네스코 학습도시 글로벌 네트워크UNESCO Global Network of Learning Cities에 가입시켰고, 우크라이나 학습도시협의회 회장으로서 시장들을 위한 워크숍을 조직했다. 평생학습이 뭔지도 모르고, 왜 필요한지도 몰랐던 우크라이나에 새바람을 불러일으킨 것이다.

"우크라이나의 우수한 청년들은 거의 다 새로운 기회를 찾아 유럽으로 빠져나가고 없습니다. 무엇보다 지역사회에 봉사할 유능한 인재가 필요한 때입니다. 저는 평생학습이 우리 지역사회를 다시 일으켜 세울 인재를 양성하는 데 절대적인 역할을 할 거라 확신합니다."

어려운 상황의 도시에 활력을 불어넣을 수 있는 유일한 대안이 생명자본학습이라는 걸 명확히 알고 있는 세르게이가 이 박사는 그저 대견할 따름이었다.

"영어로 엄마, 아빠도 몰랐던 세르게이였기에 성장해가는 모습을 보는 감회가 남다를 수밖에 없었죠. 언어는 극복가능한 장애요인일 뿐이었습니다."

생각했던 것보다 훨씬 많은 청중이 모인 자리에서 세르게이의 강연은 사뭇 결연했다. 항상 누군가의 말을 조용히 경청하던 순한 모습은 온데간데없고 말투며 표정에 카리스마가 넘쳤다.

"나는 이 행사에 참가한 DVVI 독일시민대학연합회의 국제협력부Institute for International Cooperation of the Deutscher Volkshochschul-Verband의 벨라루스 소장인 갈리나Galina로부터 이듬해 벨라루스에서 열릴 예정인 평생학습도시 컨퍼런스 및 카라반Caravan에 참가해달라는 요청을 받았어요. 벨라루스의 여러 도시를 돌면서 평생학습을 전파하는 행사였죠."

이 박사는 이때도 세르게이가 제일 적극적이었다고 회고한다. 컨퍼런스에 참여한 인사들의 면면을 그에게 소개하며 프로그램 진행상의 어려움을 호소하기도 했다.

"시장들을 위한 워크숍 예산을 도와달라고 했더니 베티나

Bettina가 거절하더라고. 사부, 난 그녀가 왜 시장 워크숍이 필요 없다고 생각하는지 모르겠어."

베티나는 독일 시민대학연합회[DVV] 소속으로 우크라이나, 벨라루스, 몰도바 지역 총괄 소장이다. 이 박사는 그녀와의 저녁 만찬 자리에서 학습도시의 중요성과 시장이 이 사업을 주목해야 하는 이유 등을 조목조목 설명했다. 이때만 해도 그녀는 간간이 고개를 끄덕일 뿐, 별다른 반응이 없는 채였다.

그런데 다음 날 세르게이가 활짝 웃는 얼굴로 이 박사 앞에 나타났다.

"사부가 뭐라고 했길래 소장이 생각을 바꾼 거지? 베티나가 예산을 지원하기로 약속했어! 이제야 일이 잘 풀리기 시작하는 것 같아!"

세상을 다 얻은 것마냥 의기양양한 표정으로 세르게이는 끊임없이 질문을 퍼부었다. 이 박사는 생전 처음 만난 사이였지만 자신이 설명한 생명자본으로서의 평생학습에 대한 가치를 인정해 준 그녀가 고마웠다.

"사부, 지난번 멜리토폴에서 있었던 학습도시 축제를 어떻게 생각해?"

"멜리토폴을 중심으로 학습도시 구축에 관련된 역량 강화 워크숍을 열까 하는데, 이거 진짜 좋은 생각 같지 않아? 사부가 워크숍 진행을 맡아줄 수 있지?"

이 박사는 세르게이의 제안을 흔쾌히 수락했다. 물론 강의료는 줄 형편도 안 되고 받을 생각도 없었다. 생명자본으로서의 학습이 전파되는 모습을 보는 것이 이 박사에게는 그 무엇보다 값진 보상이었다.

멜리토폴에서 함부르크로 돌아오는 비행기는 새벽 5시에 출발하는 항공료가 가장 싼 비행기였다. 세르게이는 전날 행사 때문에 밤늦게까지 일했다. 자정이 넘은 시간, 이 박사는 피곤해서 잠깐 눈만 붙이고 나가려고 침대에 누웠다 깜빡 잠이 들었다.

새벽 3시, 누군가 문을 두드렸다.

"사부, 출발할 시간이야."

세르게이의 목소리였다. 이 박사는 자신이 극구 사양했음에도 불구하고 그 이른 시간에 잠 한숨 못 자고 2시간이 걸리는 공항까지 배웅해준 가슴 따뜻한 친구로 그를 떠올린다.

2019년 10월 세르게이는 우크라이나, 벨라루스, 몰도바 지역의 고위 공무원 24명과 함께 6박 7일 동안 한국을 방문했다. 이 박사는 우리나라의 앞선 평생학습도시에서의 경험을 다른 나라에 전파하는 것이 국가적 위상을 높이는 방법이라고 생각했다. 그런 이유로 전국학습도시협의회에 각국의 시장, 시의회 의장 등 도시 리더들을 한국에 초청하자고 제안했다. 이렇게 해서 이루어진 방문이었다.

벨라루스에서 인연을 쌓은 베티나에게도 연락을 취했다. 그전에 이미 평생학습의 필요성과 가치를 경험한 그녀의 흔쾌한 협조로 독일 시민대학연합의 참여가 이루어졌다. 이렇게 해서 세르게이를 포함한 20여 명의 방문단이 한국에 첫발을 딛었다. 예산의 일부는 독일의 시민대학연합이 부담하였다.

오산, 시흥, 안동 등 국내의 우수한 학습도시를 돌아보면서 세르게이의 눈과 입은 쉴 새가 없었다. 그새 늘어난 영어로 제법 대화도 했다.

계속 질문하고 또 질문하고.

"훌륭해! 한국은 (배울 점이) 너무 많아! 공부 많이 했어. 고마워요, 사부!"

그의 모든 행동과 말에는 언제나 진심이 담겨 있었기에 짧은 영어는 문제가 되지 않았다. 어디를 방문하든 준비해 온 선물은 꼭 전달했다. 선물을 주고받는 문화는 우리와 비슷했다.

같은 해 이 박사는 한국의 몇몇 지방자치단체장과 평생학습 관계자 등 30여 명과 함께 우크라이나와 벨라루스 방문길에 올랐다. 그런데 첫 방문지인 벨라루스 입국장에서 주선자인 이 박사가 발이 묶이는 황당한 사태가 벌어졌다.

"당신은 블랙리스트에 올라 있어 입국할 수 없습니다."

"블랙리스트? 이유가 뭡니까?"

"당신은 불법 출입국자이기 때문입니다."

이민국 직원의 투박한 대답이었다. 생각해보니 2018년 벨라루스 행사에 참여하면서 폴란드의 바르샤바를 통해 입국하고 러시아를 통해 출국한 게 문제였다. 벨라루스와 러시아는 다른 나라지만 정치적 연합체로 묶어졌다. 따라서 벨라루스에서 러시아로 가는 건 출국이 아닌 국내 이동으로 간주한다. 그러니 러시아에는 이 박사의 입국 기록이 없고 출국 기록만 있었다. 졸지에 불법 입국자가 된 것이다. 우리로서는 이해가 안 되는 시스템이지만 사회주의 국가에서는 얼마든지 벌어질 수 있는 일이다. 과거 러시아 연방의 시스템을 이용하는 벨라루스, 우크라이나 등 15개 나라의 공항 전산망에 불법 출입국자로 이 박사의 이름이 올라가게 된 까닭이다.

"법이 그러니 도와줄 방법이 없군요. 절대로 들여보내 주지 않으려고 할 겁니다."

한국 영사도 난감한 기색을 나타냈다. 다시 이 박사는 벨라루스 공항의 출입국 관계자에게 자신이 벨라루스에서의 평생학습 확산을 위해 왔다는 사실과, 그 활동의 의미를 진지하게 설명했다. 마침내 상황을 이해한 그는 상관에게 보고한 지 한참 후에 1주일간 체류가 허락되었다는 사실을 친절하게 알려왔다. 다음 날 아침 이 박사를 만난 대한민국 영사는 믿기지 않는 얼굴이었다. 벨라루스 역사상 이런 경우는 처음 있는 일이라는 것이다. 생명자본을 매개로 한 소통은 때로 우리가 상상하기 힘든 힘을 발휘한다.

그날 밤 11시 30분 누군가 이 박사가 머무는 호텔 방의 벨을 눌렀다. 경찰이었다. 영문도 모른 채 그 밤중에 벨라루스 경찰서로 끌려간 이 박사는 우리나라 70년대 경찰서 같은 곳에서 거의 3시간을 대기하고 있어야 했다. 외국인 담당 형사가 외근에서 돌아올 때까지 기다려야 한다는 것.

"당신은 입국 금지자인데 입국했다. 당장 출국해야 한다."

"공항에서 날 입국시켜준 이민국 담당자가 1주일간 머물 수 있다고 했는데 무슨 소립니까?"

"그렇다면 4일간만 머무를 수 있소."

당장 출국하라던 형사에게 항변하자 곧장 말을 바꾸니 해괴한 일이 아닐 수 없었다.

"아마도 돈을 요구할 참이었던 것 같습니다. 동행해준 호텔 지배인이 아니었으면 귀한 외화를 낭비할 뻔했죠."

이 박사의 회고담이다. 우여곡절 끝에 참가한 벨라루스 평생학습 행사장에서 그는 세르게이와 재회했다. 그간 세르게이는 훌륭한 평생학습 전도사가 되어 있었다. 이 박사는 그런 열악한 환경에서 꿋꿋하게 평생학습을 이어가는 그가 너무나 고마웠다. 이렇게 해서 태권도, 탁구, 축구 등 우리의 기술자본을 넘어 지적 생명자본 수출이라는 이 박사의 노력이 결실을 맺게 되었다.

"참석자들은 다른 어떤 강연자들보다 세르게이의 강의를 흥미롭게 경청하더군요. 이제 그는 나에게 더 배울 게 없어 보였어요. 그는 이미 평생학습이라는 행복자본, 생명자본을 우크라이나와 인근 국가에 퍼뜨리는 생명자본활동가였으니까요."

그로부터 3년 후 러시아가 우크라이나를 침범했다. 전쟁이 발발한 사실을 알고 이 박사는 제일 먼저 세르게이에게 연락을 취했다.

"난 괜찮아, 사부."

상황이 어떤지 걱정하는 그를 안심시켰던 세르게이는 결국 납치되었으나 얼마 후 천만다행으로 풀려났다. 러시아 포로와 교환하는 조건으로 석방된 것이다. 이 박사는 전쟁 중인 우크라이나의 도시들과 전국학습도시협의회에서 줌 화상 컨퍼런스를 갖기 전날 그가 집으로 돌아왔다는 소식을 들었다.

"세르게이는 장차 우크라이나를 다시 일으켜 세우는 데 큰 몫을 담당하게 될 것입니다."

세르게이를 향한 이 박사의 신뢰는 여전히 굳건하다. 그에게 세르게이는 전쟁의 상처로 얼룩진 우크라이나에 평생학습을 전파하는 생명자본활동가이기 때문에 더욱 소중하다.

4부

생명자본을 만들어가는 지역사회

아파트에 생명이 흐른다

수근 씨 가족이 사는 아파트는 지은 지 20년이 넘었다. 입주 당시는 주변이 휑해서 어디 하나 눈 돌릴 곳이 없었다. 여기저기 삐죽 솟아 산책로 주변 화단을 지키는 관목들도 볼품없기는 매한가지였다.

이 나무들이 언제 자라서 무성한 잎을 틔우고 꽃을 피울까. 가지가 빈약한 가로수길을 걷다 보면 문득문득 고향 생각이 났다. 이제는 흔적조차 남아 있지 않은 그의 고향은 거대한 댐 안에 잠겨 있다. 동무들과 자치기하던 고샅길, 소풍날 보물찾기하던 오래된 성당, 장에 간 어머니를 기다리던 버스 정거장.

추억의 갈피마다 꽃이 있고 나무가 있었다. 집 마당에 해당화며 백일홍이며 명자꽃이 철철이 피고 지는 동안 머리가 굵어진 그는 도시 생활에 푹 빠져 지냈다. 평생 자식 하나만 바라보고 살던 어머니가 이 세상을 하직한 건 고향이 수몰되기 두어 달 전이었다. 집 떠나선 단 하루도 살고 싶지 않다던 당신은 삶의 터전이 통째로 물에 잠기는 흉한 꼴 안 보고 생을 마감했으나 그 아들은 영원히 돌아갈 집을 잃었다.

"예쁘다!"

유치원에 입학한 딸아이를 데려다주는 길이었다. 아이가 탄성을 지르며 작은 손가락으로 가리키는 건 유치원 마당에 탐스럽게 피어난 눈꽃, 이팝나무였다. 꽃 모양이 쌀알처럼 생겼다고 해서 '쌀밥나무'라고도 불렸던 이팝나무는 수근 씨 고향의 명물이었다.

"옛날 농부들은 쌀밥꽃이 흐드러지게 피면 풍년이 든다고 좋아했단다."

"풍년이 뭔데?"

"농사가 잘돼서 밥 잘 먹게 되는 걸 풍년이라고 해."

"난 밥보다 빵이 좋은데."

"옛날엔 말이지…"

딸아이는 아빠가 더 하고 싶은 말에는 도통 관심이 없다. 봄꽃이 한창인 화단에 온통 정신을 빼앗긴 탓이다. 하긴, 밥보다 빵을 더 좋아하는 요즘 아이들에게 호랑이 담배 피우던 쌍팔년도 이야기가 무슨 소용이랴.

그나마 다행인 건 이사 와서 힘들어할 줄 알았던 아이가 유치원 생활에 적응을 잘하고 있는 점이었다. 왠지 수근 씨는 이 모든 게 잘 가꿔진 꽃밭 때문인 것만 같았다.

"아이한테 물어보지는 않았어요. 어쩌면 나 스스로 그렇게 믿고 싶었던 건지도 모르죠."

꽃밭 하나로 달라진 풍경

언제부턴가 아파트 단지 곳곳에 못 보던 꽃들이 피어나기 시작했다.

"입주민들이 봉사 단체를 꾸려서 화단을 가꾼대요."

수근 씨 아내는 적극적으로 봉사활동에 참여할 뜻을 내비쳤다.

"둘째도 생겼는데 삭막한 콘크리트 숲에서 아이들을 키울 순 없잖아요."

시골이 고향인 그녀도 같은 마음이었던 모양이다. 수근 씨에게 연달아 불쑥 떠오르는 장면들이 있었다.

꽃모종을 마치고 콧노래를 흥얼거리던 어머니, 꽃밭에 물을 주면서 즐거워하던 어머니, 노란 붓꽃이 몽우리를 터뜨리면 꽃보다 곱게 웃던 어머니.

'나를 키운 것은 8할이 바람이었다.'라고 한 서정주 시인의 글귀가 그에겐 특별한 의미로 다가왔다.

사람을 키우는 8할은 결국 자연에서 비롯되는 게 아닐까… 아이들에게 자연에서 배우고 자연에서 느끼고 자연과 함께 살아가는 소중한 경험을 갖게 해주고 싶었다.

뽕짝 같은 환경이 아니라 브람스의 음악과 같은 환경에서 자신의 아이들과 동네 아이들이 함께 성장하길 바랐다. 어릴 때 어머니를 도와 꽃밭을 가꾼 경험을 떠올려 아내 앞에서 슬쩍 운을 떼보았다.

"화단 가꾸는 일은 나도 좀 아는데."
"당신도 나랑 같이 갈래요?"

눈치 빠른 아내의 화답이었다. 이때까지 그가 살던 아파트는 맞벌이하는 부부가 대부분이라 주민들끼리도 별 교류가 없었다. 그러다 시공사의 부도로 하자보수 공사에 차질이 생기자 입주자대표들이 나서서 대반전을 이루었다. 이분들의 철저한 대응으로 세대 수도 공급용 부스터 설치, 옥상 출입문 자동 개폐기 설치, CCTV 설치, 진입로 조경공사 등의 성공적인 결실을 얻었다. 아파트 외벽은 페인트를 칠해서 새롭게 단장하고 입주민 공모를 통해 '동트는 숲'이라는 자연친화적인 명칭을 붙였다. 20여 명의 아파트 지킴이 봉사단이 화단 가꾸기 활동을 시작한 것도 이 무렵이었다.

아파트 화단 가꾸기 사업이 매력적인 건 주민들이 각자 원하는 나무나 꽃을 심게 했다는 점이다.

일명 추억의 꽃밭 만들기.

어릴 적 부부를 성장시켰던 꽃과 열매, 향기를 아파트에 옮겨 놓고 싶었다. 수근 씨는 고향 집 앞마당에 있던 매화나무를, 아내는 친정엄마가 좋아하는 때죽나무를 심었다. 큰딸아이와 이제 곧 태어날 둘째를 위해선 이팝나무와 철쭉을 심었다. 이렇게 해서 수근 씨 가족에게도 추억의 꽃밭이 생겼다.

"내 나무야?"

"그래, 예쁜 우리 송이 나무."

"그럼 애도 이름이 송이야?"

제 나무가 생기자 아이는 매일 꽃밭에 가자고 조르곤 했다. 가족의 산책로가 덤으로 생긴 셈이다. 드디어 그의 아파트에도 생명자본이 흐르기 시작했다. 생명자본은 일회성으로 소모되는 자본이 아니다. 볼수록 가치가 늘어나고 나눌수록 존재감이 커진다. 시간이 아무리 흘러도 줄어드는 법이 없다. 생명은 재화나 용역처럼 제한된 것이 아니라 기하급수적으로 파급되는 특성을 가졌다. 자연자본, 학습자본, 경험자본이 생명자본인 이유다.

아파트도 고향이 될 수 있다

수근 씨는 시골 출신이라 그런지 아파트를 '집'이라고 말하기까지 시간이 좀 걸렸다. 집 하면 제일 먼저 떠오르는 게 마당이고 그다음이 지붕이었다. 몇 동, 몇 호, 몇 평, 숫자만 다를 뿐 다 같은 상자 속 공간은 유년기와 성장기를 보낸 집과는 엄연히 달랐다. 골목이 사라진 아파트 단지를 마을로 받아들이기에도 다소 애매한 구석이 있었다.

아파트 화단 가꾸기 봉사활동을 계기로 시작한 마을공동체 활동은 수근 씨의 아쉬움을 털어내는 데 결정적인 역할을 했다.

2011년 그의 아파트는 희망마을 만들기 사업에 공모했다. 마을의 특성과 개성을 살려 그 지역에 사는 주민들이 행복을 느낄 수 있게 한다는 취지로 시에서 1억 5천 만 원 규모의 사업 지원비를 내걸고 실시한 공모전이다.

수근 씨네 아파트는 '생명순환'을 주제로 공모전을 준비했다. 어느새 늦가을이면 몇 년 동안 쭉쭉 뻗어나간 가로수길에 낙엽이 흐드러지곤 했다. 누군가에겐 운치가 있어 좋기도 하지만 청소부 아저씨들은 낙엽을 쓸어 담느라 시도 때도 없이 진땀을 흘려야만 했다. 더군다나 이분들이 힘들게 쓸어 담은 낙엽은 그냥 어디 갖다 버리거나 임의로 태워 없앨 수 있는 게 아니었다.

관리사무소에선 음식쓰레기 문제로 골머리를 앓았다. 동마다 음식물 분리수거 통이 비치되어 있었으나 수시로 쏟아져나오는 음식물 쓰레기를 감당하기 어려울 때가 많았다. 해서 여름엔 파리가 들끓고 악취가 이만저만이 아니었다. 종종 투입이 금지된 과일 껍질이나 김장 쓰레기가 음식물 분리수거 통으로 들어가는 것도 골칫거리 중의 골칫거리였다.

도랑 치고 가재 잡는다는 속담은 이럴 때 쓰는 말일 것이다. 수근 씨 가족이 사는 아파트는 희망마을 만들기 공모를 통해 두 가지 문제를 한꺼번에 해결할 수 있었다. 낙엽을 퇴비로 만들어 화단에 뿌리기로 한 것이다. 그리고 보니 일석삼조(一石三鳥)다. 음식물 쓰레기 문제로 고심하던 관리소장의 신박한 아이디어가 빛을 발한 덕분이다.

"사방에 굴러다니는 낙엽을 돈을 주고 처리하는 게 아까우니 화단에 비료로 쓰면 어떻겠습니까?"

낙엽 퇴비장은 냄새도 거의 나지 않고 과일 껍질이나 김장 쓰레기 정도는 퇴비화가 가능하다는 설명이었다. 그뿐만이 아니었다. 낙엽 처리와 퇴비 마련 비용을 감안할 때 40만 원가량 관리비가 절감된다는 계산이 나왔다. 이름하여 '생명순환형 퇴비장'이다. 아파트 지킴이와 주민자치회, 동대표로 이루어진 마을운영위원회 위원들은 무릎을 치지 않을 수 없었다.

이에 더해 마을운영위원회는 아파트 단지 내 자투리땅을 활용해서 상자 텃밭과 허브하우스를 가꾸기로 했다. 가을엔 낙엽 축제를 열었다. 낙엽길 걷기, 낙엽에 소원 쓰기, 그림 전시, 보물찾기 등 가족과 함께하는 프로그램은 아파트에서 가장 독특한 연중 행사로 자리 잡았다. 어릴 적 자신을 키워준 자연이라는 살아있는 자본을 아파트에 심어보겠다는 그의 노력이 학습이라는 생명자본으로 확산되었다. 그것도 주민들의 자발적 참여로 이루어진다는 면에서 더욱 의미가 깊었다. 이런 생명자본은 아이들이 소중한 관계자본을 만들어가는 경험의 장이 되어 또 다른 생명자본으로 번져갔다.

"누나만 믿어?"

그 사이 초등학생이 된 송이는 남동생 손을 잡고 깡충깡충 낙엽길을 걸었다. 아파트 전체가 집 안마당이 된 기분이다. 봉사단원들이 정성 들여 가꾼 허브는 작은 화분에 옮겨 입주민들에게 분양했다. 케모마일, 바질, 페퍼민트 등 일곱 종의 허브 화분은 외부에서 행사가 있을 때도 아파트의 마스코트 역할을 했다. 그렇게 수근 씨의 아파트는 '허브마을'이라는 또 다른 이름을 갖게 되었다.

꽃과 나무는 퇴비를 먹고 자라고 풀과 나무에서 자연 발생하는 부산물은 다시 퇴비가 된다. 농작물 생산과 퇴비화 과정을 통해 생명이 순환하는 과정이 마을 안에서 이뤄진 것이다.

수근 씨네 아파트가 희망마을에 선정된 후 마을공동체 활동이 활발하게 돌아간다는 소식이 전해지자 시에서 마을학교를 해보라는 제안이 들어왔다. 이것이 생명순환마을학교의 출발점이 되었다.

텃밭은 아내의 친정 나들이

생명순환마을학교는 골든트라이앵글 시범 마을학교로 지정되어 지금까지 연간 4,000여 명의 주민들이 참여하고 있다. 코디 인건비를 지원받아 현재 30여 개 강좌가 진행 중이다.

경기도의 지원을 받아 주민들이 사용하지 않던 지하 대피 공간을 리모델링해서 학습공간으로 조성하면서 수근 씨네 아파트 마을학교가 문을 열었다. 기존의 생명순환형 상자 텃밭은 규모를 넓혀 더없이 훌륭한 자연학습 및 주민 소통 공간이 되었다.

본래 이 자리는 테니스장이었다. 테니스 동호인들만 이용하던 공간을 주민 모두가 이용할 수 있는 장소로 바꾼 것이다. 동호회 회원들의 반대가 없진 않았으나 아이들 학습공간의 필요성에 대한 주민 공감대가 이루어졌기에 가능한 일이었다.

덕분에 주민들은 한 평 남짓한 상자 텃밭을 분양받았다. 수근 씨 부부는 그 상자 텃밭에 오이, 호박, 가지, 고추 등을 심고 아이들과 함께 키웠다. 이젠 제법 많은 꽃 이름과 나무 이름을 외우게 된 아이들은 텃밭에서 얘깃거리가 끊이질 않았다. 아이들은 채소가 커가는 걸 관찰하며 식물에 대한 관심을 키워갔다. 이파리를 먹고 자라는 벌레들, 물주기, 잡초 뽑기도 아이들에겐 늘 새롭고 신기한 경험이었다.

농사에 익숙지 못한 주민들은 농업기술센터 직원의 주기적인 방문 지도를 통해서 도움을 받았다. 텃밭에 올 때마다 마을 사람들은 이웃의 작물에도 관심을 가지고 자연스럽게 이야기를 나누면서 서로를 알아가는 시간을 가졌다.

"무엇보다도 아파트 현관만 벗어나면 텃밭이 있어 좋았습니다. 아이들도 학교에 갔다 오는 길이나 친구들과 놀다가 집에 오는 길에 텃밭에 채소가 얼마나 자랐는지 들여다보곤 하죠. 가족과 이웃이 함께 심은 농작물이 커가는 모습을 보고 자란 아이들은 이 조그마한 아파트에서도 자연자본의 소중함을 깨우치게 되겠죠."

자신을 키워왔던 자연을 아파트에서도 즐길 수 있게 된 수근 씨는 일이 피곤한 줄도 몰랐다. 때때로 다음에 할 일을 생각하며 잠을 설치기도 했다. 그에게는 그 어떤 경제적 활동보다 아이들과 주민들을 위해 아파트에 자연을 일구는 것이 기쁨이고 행복이었다. 수확철이 되면 각 집에서 거둬들인 농작물을 이웃과 나눠 먹는 게 당연한 일이 되었다. 상추나 고추, 깻잎은 적어도 한 달 이상 따먹을 수 있다. 많이 심지 않더라도 이웃과 정을 나누기엔 충분한 수확이다.

가족이 함께 키운 농작물을 이웃과 나눠 먹으면서 느끼는 그 기쁨, 그 행복은 공동체가 아니면 체험하기 어려운 것이리라. 몇몇 특정인들의 전유물이던 공간이 주민화합과 소통이 있는 자연자본으로 변화된 결과였다. 어느새 수근 씨의 아파트는 이웃 간의 관심과 배려, 신뢰가 공감대를 이루는 컴파트먼트가 되어 가고 있었다.

농사에 들인 품을 생각하면 상자 텃밭에서 생산된 농산물이 시장에서 사 먹는 것보다 조금 덜 경제적일 수는 있다. 하지만 정성으로 가꾼 상추나 깻잎이 소통의 도구가 되자 생판 몰랐던 남이 이웃사촌으로 다가왔다.

숫기가 없는 수근 씨 아내는 이제 텃밭에서 만난 이웃들에게 '형님' '동생' 소리가 절로 나온다. 그에게도 형님과 아우가 생겼다. 아이들 데리고 다 같이 여행을 다녀오기도 했다. 예전에 살았던 아파트에선 상상도 할 수 없었던 일이다. 그라노베타가 그 어렵게 얘기했던 약한 연계의 힘이 수근 씨의 아파트에서는 알게 모르게 매우 강력한 힘을 발휘하고 있었다.

"이상하게 여기만 오면 친정에 온 것처럼 기분이 편안해져. 나두 참 뜬금없죠?"

텃밭에서 잠시 일손을 놓고 쉬던 아내가 말했다. 수근 씨는 공교롭게도 코로나가 퍼지기 직전에 일이 생겨 3년째 장인 장모를 찾아뵙지 못했다.

"시골 사람이라 그렇지."

괜히 미안한 마음에 퉁명스레 내뱉곤 이제 거리두기도 웬만해졌으니 어떻게든 시간을 만들어보리라 다짐한다.

"엄마! 아빠!"

아이들이 달려오고 있다.

"뭐해?"

"왜 우린 안 데려오고 엄마랑 아빠랑만 왔어?"

가끔은 어른들만의 시간도 필요하단 걸 아이들은 모른다. 수근 씨가 말했다.

"오늘은 엄마 친정 나들이 온 거야."

"친정?"

"나들이가 뭐야?"

아이들은 고개를 갸웃하고 수근 씨 아내 혼자 빙긋 웃는다. 수근 씨네 아파트는 금융자본주의가 아닌 생명자본주의를 기반으로 주민들이 조화롭게 살아가는 마을이 되어가고 있다. 이런 생명자본마을에서 자란 아이들은 디지로그적 사고와 직선과 곡선을 아우르는 문학적 감성을 키워갈 것이다. 이어령 박사는 이를 '용과 봉황을 부리는 창발형 인재'로 표현했다. 분야를 막론하고 다방면에서 역량을 발휘할 수 있다는 뜻이다.

독일보다 한국이 부자인 이유

독일 전역에 걸쳐 900개 넘게 존재하는 시민대학Volkshochschule은 시민 누구에게나 평생교육을 지원하는 공적 교육기관이다. 수강료는 국가, 지방단체, 수강생이 공동부담하기 때문에 매우 저렴하고 강좌의 종류 역시 다양하다.

본Bonn 시민대학에서는 시민의 삶을 풍요롭게 하는 교육, 정치, 과학, 국제문제 관련 교육, 외국어와 독일어 통합교육, 직업 및 IT, 디지털 교육, 문화 예술교육, 건강 및 영양교육, 여행 관련 교육 등 다양한 프로그램을 제공하고 있다. 직원들은 매일의 일상이 바쁠 수밖에 없다.

시민대학은 독일의 사회 변혁을 이룬 원동력이라고 할 수 있다. 나이, 성별, 국적, 소득수준과 관계없이 누구에게나 열려있지만, 특히 장년층과 이민자의 교육에 적극적인 노력을 기울이고 있다.

본 시민대학의 잉그리드^{Ingrid} 학장은 2019년 한국의 전국학습도시협의회와 독일의 시민대학연합회$^{DVV^*}$가 주최한 적극적 시민성$^{Active\ citizenship}$이라는 주제의 공동 세미나에 발표자로 참석한 것이 계기가 되어 한국과 인연을 맺었다. 이 행사에는 전 세계 32개 나라에 사무소를 두고 각국 도시에서의 여성교육, 위생교육, 문해교육 등 성인교육을 펼치는 DVVI$^{DVV\ International}$가 우크라이나, 벨라루스, 몰도바의 시장, 시의장 등 사회지도층과 함께 한국의 학습도시를 벤치마킹하는 일정도 포함되었다. 한국의 전국학습도시협의회가 우크라이나, 몰도바, 벨라루스에서의 학습도시 확산을 위해 기획한 프로그램이었다.

5박 6일간의 일정을 소화하면서 내내 잉그리드 학장의 머릿속을 맴도는 건 조국 독일에 대한 걱정이었다. 이러다간 독일이 쇠퇴하겠구나, 아니 이미 늦었는지도 모른다는 생각이 들면서 심경이 무거울 수밖에 없었다.

"그 당시 제가 경험한 한국, 한국인들은 무엇이든 변화에 민감하고 도전을 두려워하지 않았습니다. 빠른 의사결정과 추진력으로 일사천리로 일이 진행되는 한국의 정책 현장을 돌아보곤 '한

---

* Deutscher Volkshochschul—Verband의 약어로 독일시민대학연합회를 의미함.

국은 우리보다 부자 나라다'라는 생각이 들더군요. 우리는 가는 곳마다 따뜻한 환대를 받았어요. 기념품이나 음식은 해당 지자체에서 제공하는 것이라고 하더군요. 독일에선 아주 특별한 경우가 아니면 상상조차 못 할 일이죠."

한국이 발전한 나라인 줄은 알았지만 일하는 시스템이 이렇게 앞서 있는 줄은 몰랐다. 어느새 독일에서는 잊혀가고 있던 손님 접대의 문화도 풍성했다. 한국의 정치인들도 여느 나라 정치인들처럼 사사건건 서로 싸운다는 말은 많이 들어왔지만 지방에서의 행정이 이렇게 일사분란하고 시대 흐름을 잘 반영하고 있을 줄은 몰랐다.

그는 독일에서 도서관의 벽을 하나 뜯어고치려면 사방에서 반대의 벽에 부딪히는 현실을 떠올렸다.

"우선 벽의 문화적 의미를 고려해야 하고 벽이 존재함에 따른 미적 요소도 고려해야 합니다. 온통 규제와 심의 천지라 공무원은 여간해선 새로운 것을 시도할 엄두 자체를 내지 못하죠. 일의 가치보다는 현실에 안주하는 데 익숙한 도시의 리더들로부터 예산 승인을 받는다는 건 보통 큰일이 아닙니다."

변화라는 걸 경험한 게 언제 적 일인지도 모를 원로급 시의원들을 설득하려면 지리한 논쟁이 불가피했다. 차라리 계란으로 바위를 깨는 게 낫다고나 할까? 온몸으로 싸워도 그 견고한 벽을 깨기가 쉽지 않다. 독일에서는 도시에 대한 사람들의 생각, 변화의 속도가 시대 흐름을 따라잡지 못하는 듯해 그는 더더욱 마음이 무거울 따름이었다.

독일에는 없고 한국에는 있는 것

잉그리드 학장과 일행은 오산시의 소리울 도서관이라는 곳을 견학했다.
"와우!"
입구에 들어가자마자 여기저기서 감탄사가 흘러나왔다. IT 강국 한국의 장점을 살려 도서를 현대식으로 비치하고 찾기 쉽게 만든 도서관 정도를 상상했던 그는 솔직히 어안이 벙벙했다. 안내자로부터 소리울은 '소리를 감싼 울타리'라는 뜻을 지녔다는 설명을 듣고 나서야 그곳이 악기도서관이라는 사실을 알게 되었다. 그리고 보니 건물 외관은 기타 모양을, 주차장 외벽은 책 모양을 형상화했다.

소리울 도서관에는 악기만 있는 것이 아니었다. 3층짜리 건물에 각종 음악 전문 서적과 악보 등 개관 도서 2만여 권이 비치되어 있다. 음악이 흐르는 자료실과 전시실도 꾸며져 있었다. 240여 종에 이르는 악기 1,200여 대를 시민 누구나 체험할 수 있게 하는 건 물론이고 1,000원~20,000원의 저렴한 비용으로 대여도

할 수 있는 곳이었다.

체험이라는 용어 자체가 한국에선 시대의 흐름에 맞춰 색다르게 진화하고 있었다. 독일에선 상상도 하지 못할, 아니 상상은 해도 실행은 꿈도 꾸지 못할 일이었다.

"만일 내가 이런 생각을 하고 시의원들을 설득해야 한다면 애당초 두 손 두 발 다 들었을 것입니다. 되지도 않을 일을 무모하게 시도할 이유는 없으니까요. 솔직히 점점 삭막해져 가는 문화 환경에서 살아가는 독일의 아이들, 독일의 미래가 걱정됩니다."

시흥시라는 곳에서는 마을에서 주민들이 평생학습 프로그램을 기획하고 운영까지 하는 걸 목격했다. 이 또한 독일에서는 보기 힘든 광경이었다. 독일은 주로 시에서 운영하는 시민대학에서 평생학습 프로그램을 운영하고 있다. 시흥시청에서 별도의 평생학습원을 운영하고 있지만 그 마을은 주민들이 주체가 되어 마을에서 평생학습을 실천하고 있었다. 평생학습을 설명하는 주민들의 표정에는 자부심과 행복감이 묻어났다. 시와 도에서 사업비 일부를 도와주기는 하지만 시민들이 이렇듯 즐겁게 참여할 수 있다는 것이 놀라웠다. 바로 이런 게 평생학습의 목적이 아니던가.

그는 주민들끼리 서로 모여서 논의하고 같이 준비하고 배우고 즐기는 학습의 소중함을 누구보다 잘 알고 있었다. 독일의 시민대학이 전 세계적으로 가장 유명한 줄로만 알아 왔던 그로서는 충격이 아닐 수 없었다. 학습이 살아서 움직이려면 마을 단위에서 운영되어야 한다. 주민 간의 관계에서 학습이 일어나야 한다. 그의 뇌리를 스치는 독일 시민대학의 숙제였다.

독일 시민대학에서도 시민을 위한 온라인 프로그램을 제공하고 있지만 한국의 경기도는 훨씬 앞선 2009년부터 온라인 프로그램이 제공되고 있다.

"국가평생교육진흥원과 경기도에서 전 국민에게 무료로 제공하는 온라인 프로그램이 2,000개가 넘는다니 입이 떡 벌어졌습니다. 2014년 경기도가 운영한 20시간짜리 프로그램은 140만 명이 수료했다지요? 정말 믿기지 않는 숫자입니다. 100년이 넘는 역사를 가진 독일의 시민대학이 배워야 할 부분이죠. 우리가 우물 안 개구리였음을 절감하는 순간이었습니다. 안동이란 도시도 아주 인상적이었어요."

한국의 전통이 잘 보존된 도시 중의 한 곳인 안동에서 주최 측은 참가자들에게 한국의 전통 의복을 체험할 수 있게 해주었다. 그가 입어 본 옷은 조선의 학자들이 입었던 '두루마기'였다. 의외로 착용감이 좋았다.

"입고 있으면 왠지 모르게 몸과 마음이 편안해졌어요. 그리고 한국은 어디 가나 손님 대접이 융숭하더군요. 안동의 전통 한식은 내가 태어나서 본 음식 중에서 가장 많은 종류의 메뉴가 나왔어요. 가격도 독일과는 비교가 되지 않았죠."

독일에서는 1개에 2~3천 원 하는 굴이 한국에서는 아무 부담 없이 먹을 정도로 값이 쌌다. 혹시나 품질이 떨어지는 것은 아닐까 싶었으나 순전히 기우였다.

"마트에서 직접 굴을 까서 파는데 전날 바다에서 채취한 것이랍니다. 덕분에 바다 향이 그대로 살아 있는 싱싱한 굴을 우리 독일의 하리보만큼이나 싸게 사 먹을 수 있었습니다."

한국에 도착한 날 먹었던 제주도 흑돼지구이도 그에게 잊지 못할 추억으로 남았다. 숯불 위에 직접 구워 먹는 식감은 태어나서 처음 맛보는 것이었다. 알지도 못하는 나라의 사람이라도 손님을 정성껏 대접하는 걸 한국에선 인정(人情)이라고 한다는 것도 알았다. 사람은 본래 따뜻한 마음을 가진 존재라 인정을 베푸는 걸 당연하게 여긴다는 주최측의 설명은 감동적이기까지 했다.

"한국 사람들은 돈이 많아서 우리 일행을 이렇게까지 융숭하게 대접하는 것이 아니란 생각이 들더군요. 너무나 자연스럽게 우리를 대해주는 모습에서 왠지 모르게 유대감이 느껴지고 전혀 낯설지 않았어요."

그는 점점 한국이라는 나라의 매력에 빠졌다. 여러 면에서 한국은 독일보다 훨씬 젊은 나라였다. 한국 사람들은 현금을 거의 사용하지 않았다. 대신 신용카드를 사용했다. 버스, 지하철, 기차를 이용할 때도 거의 모두가 카드나 스마트폰을 이용하는 모습이었다. 아직도 현금을 사용하는 사람이 더 많은 독일과는 변화의 속도 면에서 비교가 되지 않았다. 대부분 현금을 사용하는 마트에서 앞 사람이 현금으로 계산하는 동안 뒤에서 기다리는 것이 하나도 이상하지 않은 곳이 독일이다.

"한국은 현금으로 계산하는 직원들도 어쩌나 빨리 계산을 마치는지 볼수록 놀랍더군요. 지하철은 얼마나 잘 관리되는지 개찰구도 없이 오로지 시민의 양심에 맡겨 운영되는 독일과는 상당히 달랐어요. 사람들은 대부분 카드나 스마트폰으로 개찰구를 통과하더군요. 무인 발매기를 이용하는 사람이 매우 드물었어요. 우리처럼 불시에 표를 검사하는 검표원도 없고….."

혹시나 있을 무임 승차자를 잡아내기 위해 느닷없이 표를 제시하도록 요구하는 검표원을 당연시하는 독일이 이상하게 느껴지는 순간이었다. 그는 독일의 IT 기술이 한국에 뒤떨어지지는 않지만 이를 이용하는 차원에서는 비교가 되지 않을 정도로 뒤처져 있다고 생각했다.

숙소 근처에 있는 작은 공원도 강한 인상을 남겼다. 벤치며 바닥이 깨끗하게 잘 관리되고 있었고 아무리 작은 공원에도 공용 화장실이 있었다. 독일은 규모가 큰 공원에도 화장실이 있는 경우가 드물다. 아니, 거의 없다고 할 수 있다. 시민들은 불편을 느끼지만 그대로 살아간다. 나무 뒤에서 급한 용무를 해결한 흔적을 쉽게 발견할 수 있다. 이 얼마나 불편하고 비문화적인가!

독일에서는 은행의 계좌 비밀번호를 잊어버리면 낭패도 그런

낭패가 없다. 은행에 다시 가서 비밀번호를 새로 발급받으면 그 다음 날 우편으로 집에 새로운 비밀번호가 전달된다. 꼬박 이틀은 통장이 있어도 돈을 찾을 수 없다. 한국은 현장에서 즉시 통장을 발급해준다는 얘길 듣곤 탄성이 절로 나왔다. 독일은 현금 지급기에서 다른 계좌로 돈을 보낼 수도 없다. 잉그리드 학장의 한국 친구들이 제일 이해하지 못하는 부분이기도 하다. 부러운 건 또 있었다.

"독일은 거의 모든 가정에서 출입문을 여닫을 때 열쇠를 이용합니다. 가족 구성원 모두가 열쇠를 가지고 다녀도 이를 불편하게 여기질 않죠. 한국에 와서야 이것도 시대에 뒤떨어졌음을 알았습니다. 한국은 대부분 디지털 도어락(Dgital door—lock)을 사용하더군요. 더욱 놀라운 건 택배를 문 앞에 놔두고 가도 누가 가져가는 경우가 없다는 겁니다. 독일에서는 상상도 할 수 없는 일이죠. 마치 내가 독일 촌놈이 되어 버린 기분이었어요."

독일의 아파트, 빌라 등은 대부분 공동으로 현관 출입문을 이용한다. 공동 출입문 열쇠는 보안상 복사가 불가능하므로 열쇠를 잃어버린 입주민은 몇십만 원 넘게 들여 다른 모든 입주자들의 새로운 현관 열쇠 구입 비용을 부담해야 한다. 그리고 부재중에 택배가 오면 곧바로 우체국에 보관된다. 문자 서비스도 없다. 현관문에 스티커 하나 달랑 붙여 놓고 가면 그만이다. 본인이 그 스티커와 신분증을 들고 직접 우체국으로 찾으러 가야 한다. 퇴근길에 우체국에서 택배를 찾는 사람들이 많다 보니 한참 줄을 서야 한다. 이 밖에도 그가 한국을 독일보다 앞선 나라로 보는 이유를 꼽자면 열 손가락이 모자랄 정도다. 그에게 한국 방문은 많은 추억을 선사했으나 자신이 얼마나 고지식하고 융통성 없는 사회에 속해 있는지를 확인할 수 있었다는 점에선 속 쓰린 경험이기도 했다.

생각 부자를 키운 한국인의 역동성

2019년 늦가을 한국의 전국학습도시협의회가 파견한 시장, 군수, 구청장 등 학습도시 관계자 30여 명이 독일을 방문했다. 그전에 한국으로 초대했던 우크라이나, 벨라루스의 학습도시를 둘러보고 독일의 시민대학을 벤치마킹하러 간 길이었다.

독일은 외국에서 귀한 손님이 와도 공공기관에 접대비라는 예산 항목 자체가 없어 식사를 대접할 수가 없다. 하지만 잉그리드 학장은 자신이 추진하고 있던 프로젝트의 예산을 활용해 한국 방문단을 위한 식사 자리를 마련했다. 그렇게라도 한국에서 대접받은 고마움에 보답하고 싶어서다.

"조촐한 음식이나마 맛있게 드시는 걸 보니 기쁩니다. 한국인들이 손님을 접대하는 마음이 어떤 건지 조금은 알 것 같군요."

식사 도중 그는 짧은 한국 여행에서 느낀 점들을 화제에 올렸다.

방문단 입장에선 손님을 융숭하게 대접하는 우리 고유의 문화를 경험한 노란 머리 꺽다리 학자가 한국에서 본대로 따라 하고 싶어 하는 모습이 고마워 기꺼이 초대에 응한 자리였다. 식사가 끝나갈 때쯤 그가 진지하게 말을 꺼냈다.

"당신네 나라 한국은 독일보다 부자입니다."

"EU를 이끄는 독일은 국력 면에서 세계 상위권이지 않습니까? 우리 한국은 이제 10위권에 진입했는데 독일보다 부자라니요?"

이야기를 듣는 사람들은 선뜻 이해가 가지 않았으나 그로선 인사치레로 하는 덕담이 아닌 진심에서 우러나온 말이었다.

"우선 한국은 사람을 대하는 마음이 부자인 나라입니다. 나와 같이 한국을 방문했던 동료들도 이 점을 높이 샀죠. 저희 모두가 기회가 주어진다면 언제라도 또 가고 싶은 나라로 한국을 기억합니다."

그는 또 한국이 독일보다 부자 나라인 이유로 공공기관의 추진력을 예로 들었다.

"제일 부러운 건 주민들이 기획한 신규 사업의 예산 지원 과정이 신속하다는 점입니다. 저는 이러한 역동성이 한국의 평생학습을 지역사회 혁신의 도구로 자리매김하는 데 핵심적인 역할을 했으리라 봅니다."

독일 활동가의 눈에 비친 대한민국의 장점은 전국학습도시협의회 회원들에게 자부심을 안기기에 충분했다. 그중에서도 제일 듣기 좋았던 건 한국은 생명자본 그 자체라는 말이었다.

앞집 할아버지는 마을 훈장님, 옆집 손자는 핸드폰 사부

희국 씨가 사는 고장은 본래 큰 도시 외곽의 세 마을이 어우러진 한동네였다. 2014년 경기도 골든트라이앵글 시범 사업에 희국 씨네 아파트가 선정되면서 마을공동체가 탄생했다.

아파트 주민들이 함께 만들어가는 도시형 공동체를 추구하는 평생학습은 3년 동안 경기도와 시의 지원으로 이루어졌다. 동대표를 맡고 있던 그는 마을학교운영위원장이 되었다.

"이대로 끝나는 줄만 알았던 내 인생에 새로운 기회가 온 것 같습니다."

쓸모없이 버려져 있던 반지하 보일러실을 개조해서 만든 평생학습 배움터 사무실에 어느 날 손님이 찾아와 속내를 털어놓았다.

"우리 아파트에도 마을학교가 세워진다는 소릴 듣는 순간 묘하게 가슴이 뛰더군요. 주민들 가운데서 마을강사를 발굴한다고 들었습니다만."

희국 씨에게 조심스레 말을 건넨 이는 아파트 노인회장이었다. 그는 40년 근속한 직장에서 전무로 은퇴한 70대 초반의 점잖은 주민으로 이웃 간에 평판도 좋았다. 하지만 희국 씨가 오며 가며 마주친 인상은 어딘가 모르게 근심이 깃들어 있었다.

"그렇습니다. 어떤 일에 대해서든 전문적인 지식과 경험을 가진 주민이라면 누구라도 마을강사로 활동할 수 있습니다."

희국 씨는 마을학교 운영 방침에 대해 간단하게 설명했다. 마을에는 다양한 지식, 경험, 전문성을 공유할 역량과 열정을 가진 주민들이 얼마든지 있다. 희국 씨는 그런 인재를 발굴하고 양성하여 교육과정을 개설하는 것이 외부의 전문강사를 영입하는 것보다 훨씬 더 주민에게 이롭다는 걸 잘 알고 있었다.

마을강사의 강의는 처음엔 다소 서툰 면이 있지만 시간이 흐를수록 강의 스킬이 쌓이고 그 경험이 다시 마을의 자산으로 누적된다. 더군다나 마을강사는 경제적 소득보다는 참여를 통한 행복한 마을만들기가 목적이다. 일을 열심히 하는 건 기본이고 주민들과의 관계 형성에도 많은 관심을 갖는다. 마을에 대한 애착심, 열정은 두말할 필요도 없다. 반면 외부의 전문강사는 마을강사에 비해 강사료는 비싼 경우가 대부분이고 주민들과 연계를 형성하고자 하는 의지나 열정이 없다. 강의가 끝나면 마을과의 관계는 끝이다. 강사료가 맞지 않으면 그 마을에 다시 오지도 않는다.

"아, 그래요? 역시 제가 잘못 들은 게 아니었군요."

노인회장이 다시 진지하게 물었다.

"안 그래도 노인정에서 바둑이나 장기를 두면서 하루하루 때우는 게 무료하고 무가치하게 느껴지던 터였습니다. 뭐가 됐든 마을에 도움이 되는 일에 봉사하면서 여생을 보내고 싶은데, 제가 할 수 있는 일이 있겠습니까?"

그러면서 혹시 마을학교에 누가 되지 않을까 염려하는 심경을 내비쳤으나 희국 씨로선 반갑기 그지없는 제안이었다. 마을학교 배움터는 초기에 어린이 일본어 기초반, 기초생활영어반, 기타 초급반, 손글씨 중급반, 어린이 한자반, 우리동네 봉사단 등 총 9개 프로그램을 개설했다. 주민이 학습자인 동시에 강사가 되어 모두가 수혜자가 될 수 있는 학교를 지향하기에 기존 프로그램 외에도 적임자가 나타나면 교육 내용을 확장할 수도 있었다.

"이 중에 혹시 관심 있는 항목이 있으십니까?"

희국 씨는 우선 평생학습 안내문을 보여주었다. 노인회장은 예의 신중한 태도로 안내문을 꼼꼼히 살펴본 연후에 입을 열었다.

"아이들에게 한자 가르치는 일은 할 수 있을 것 같기도 합니다만, 그러자면 교사자격증이 있어야겠죠?"

"그렇진 않습니다. 자격증 같은 건 필요 없고 초등학생 상대로 한자 8급에서 5급 정도 가르칠 만큼의 실력만 있으면 가능합니다."

이런저런 대화를 나눠보니 현역에서 은퇴했다고 노인정에서만 시간을 보내기엔 아까운 경력이었다. 한자가 태반인 신문을 읽고 살아온 세대니만큼 마을강사로 활동하기에 전혀 부족함이 없었다.

"어린이 한자 교육을 맡아주실 수 있겠습니까?"

희국 씨가 건넨 말에 비로소 노인회장 얼굴에 화색이 돌았다.

"그렇다면 제게도 기회를 주시는 겁니까?"

"당연하지요, 회장님! 앞으로 잘 부탁드립니다."

"고맙습니다! 이제야 좀 숨통이 트이는 것 같습니다."

노인회장은 일단 서점에 가서 교재부터 알아봐야겠다며 전에 없이 활기찬 표정으로 사무실을 나섰다.

인생 3막에서 얻은 행복

"이제부터 회장님은 마을학교 훈장님이십니다."

마을학교운영위원장의 말이 송 회장에겐 앞날을 축복하는 덕담처럼 들렸다. 그날로 교재를 사서 한자 가르치는 법을 배웠다.

그런 다음 마을강사 양성과정을 이수했다. 인생에서 이때만큼 열심이었던 적도 없는 것 같다. 첫 직장에 출근할 때만큼이나 마음이 설레고 의욕이 넘쳤다. 일주일에 두 번 있는 수업을 위해 개인 시간을 모두 쏟아 부었다.

세월 참 빠르다. 아니, 야속하다. 앞만 바라보고 살다 어느새 백발의 할아버지가 되었다. 거울에 비친 자기 모습을 볼 때마다 왠지 모르게 심사가 복잡해지곤 했던 송 회장이었다.

이래서 사람들이 우울증에 걸리는 건가.

불과 5~6년 전만 해도 잘 나간다는 소릴 들었건만 이런 무력감에 빠져들 줄은 상상도 하지 못했다. 몸으로 느껴지는 생리적 기능의 퇴화는 자신의 존재가치에 대한 회의감마저 들게 했다. 결국 이렇게 늙어가는 게 인생이라는 걸 받아들여야 한다는 게 무척이나 그를 힘들게 했다.

가장으로서의 영향력도 예전 같지 않았다. 가족들은 송 회장이 융통성이 없고 앞뒤가 꽉 막혔다고 한다. 예의나 규칙을 따지면 무슨 조선시대 얘기냐며 대놓고 비난을 퍼붓는다. 젊은 시절 그는 어른들이 틀린 말을 해도 감히 대꾸할 엄두를 내지 못했다. 그 세월에 비하면 나름 개방적인 사고방식을 가졌다고 여겨왔건만 이젠 그런 생각조차 고리타분한 꼰대의 자기주장이 되어 버렸다.

먹고사느라 바쁜 자식들은 그저 때 되면 의례적인 안부 인사나 전화로 물어올 뿐이다. 명절이 돼서 손자, 손녀가 용돈을 받고 좋아하는 모습에 잠시 잠깐 존재감을 느끼곤 하지만 그도 그때뿐이었다.

주변 친구들이 하나둘 병이 들고, 먼저 이 세상을 떠나간 동년배들의 소식을 접할 때마다 새삼 인생무상이라는 걸 실감했다. 그나마 아파트 노인회장을 맡은 뒤로는 생활에 작은 변화가 생겼으나 어딘가 비어 있는 느낌은 지울 수가 없었다.

말 한마디면 일사불란하게 일을 처리하던 부하 직원들. 진학, 결혼, 신혼살림 장만 등 매사에 자신을 의지하고 고마워했던 자녀들. 종종 만나서 퇴근 후 술 한잔을 기울이던 친구들도 이제 자신과는 무관한 삶을 살아가고 있다.

나이 먹어 몸도 예전 같지 않으니 불러주는 사람도, 필요로 하는 사람도 점점 줄어들 것이다. 정서적인 교감을 나누고 정보를 공유하며 인생의 아름다움을 논할 대상은 어디에도 없는 것인가.

이전까지 전혀 느껴보지 못한 상실감이 하루하루 삶의 의미를 허허롭게 만들었다. 원하든 원치 않든 인생의 내리막길에 자신이 서 있다고 생각할 때 또 다른 인생 3막이 열렸다.

마을학교 강의실에서 아이들과 첫만남을 가진 날.

초롱초롱 빛나는 눈동자의 아이들이 자신의 이야기에 귀를 기울이는 모습을 보자 가슴이 벅차올랐다. 하나하나가 전부 내 손자, 내 손녀처럼 소중하게 느껴졌다. 아이들도 친할아버지처럼 따랐다. 그렇게 그는 다시 살아났다.

아이들을 가르치면서 무엇보다 큰 변화는 고인 물처럼 정체되어 있던 삶에 기다림이라는 게 생겼다는 점이다. 수업이 끝나면 다음 수업이 기다려져 자꾸만 날짜를 헤아리는 습관이 생겼다. 마을학교에서의 수업을 아이들이 재미를 느끼는 학습으로 만들기 위해 밤을 꼬박 새우기도 했다. 그런 시간조차 그에겐 더할 나위 없이 보람되고 소중하게 느껴졌다.

아직 강의가 많지 않아 강사료는 얼마 되지 않았으나 덤으로 주어지는 행복은 그 이상이었다. 마을학교 수업이 다가오면 그 전날부터 마음이 들떠 올랐다. 오늘은 어떻게 아이들을 기쁘게 해줄까. 그에겐 한자를 가르치는 것도 중요하지만 아이들이 행복해하는 모습을 보는 게 더 큰 즐거움이었기에 과자와 아이스크림은 한자 수업에 필수적인 준비물이 되었다. 아이들과의 수업이 그에게는 인생의 새로운 활기와 의미를 주는 시간이었다.

아이들은 아이스크림 먹는 시간을 제일 좋아했다. 비로소 그는 언젠가 텔레비전에서 보았던 고 이어령 전 문화부 장관의 말을 이해하게 되었다. 아이들 수업은 아이스크림 같아야 한다는.

이어령 장관은 아이들이 기분 좋을 땐 비명을 지른다는 의미에서 우리말 아이[1]에 영어 비명scream을 더해 '아이스크림'이라는 어린이 학습 포털명을 지어주었다고 한다. 말 그대로 송 회장의 한자 수업은 아이들이 기쁨의 비명을 지르는 아이스크림 수업이 되었다.

마을학교에서 한자를 가르치면서 생활에도 많은 변화가 생겼다. 우선 많지 않은 수입이라도 강사료가 있기에 누릴 수 있는 일상적인 행복이다. 아이들에게 간식을 사주고 남은 돈은 가족들을 위한 선물이나 찬거리를 사는 데 보탰다. 물론 그전에 저축해놓은 예금과 연금이 있기는 해도 그것과는 의미가 다른 돈이다. 70이 넘은 나이에 스스로 일을 해서 번 돈이니 말이다.

"그간 벌어 놓은 돈을 축낸다는 생각에 뭔가 생산적인 일로 사회에 공헌하지 못하고 기생하는 듯한 느낌마저 들더군요. 몇만 원 안 되는 적은 돈이지만 강사료로 소소한 경제활동을 하면서 느끼는 행복은 이제껏 잊고 살았던 존재감을 일깨워주는 생활의 활력소가 되었어요."

가장 큰 변화는 쓸모없는 뒷방 늙은이로만 알았던 자신이 어느새 아이들의 친구가 되었다는 사실이다. 낯모르는 동네 할아버지에 불과했던 그를 '훈장님'으로 부르는 아이들도 한자 수업이 기다려진다고 했다. 물론 아이스크림에 대한 기대도 없진 않을 테지만.

"할아버지 훈장님한테 한자 배우는 게 학원보다 더 재미있어요!"

그에겐 아이들의 이 한마디가 보약이다.

"수업 중에 조금 떠든들 어떻습니까? 저희끼리 웃고 까불면서 밝게 자라주는 것만도 얼마나 고마운 일인데요. 마을에서 친구들과 잘 어울려 지내면서 성장한 아이들이 점점 개인화되고 고립화되어 가는 우리 사회에 따스한 온기를 불어넣을 수 있다면 그 이상 좋은 일이 없다 싶어요. 이어령 장관님 말씀대로 우리 마을에서 디지로그형 아이가 커가는 것이지요."

요즘 송 회장은 마을학교 수업이 끝나면 어린 친구들에게 핸드폰 사용법을 배운다. 공짜로 아이스크림을 받아먹기가 미안했던지 아이들이 자청해서 만든 과외수업이다.

마을학교에도 디지털 리터러시$^{Digital\ literacy}$ 수업이란 게 있긴 했다. 젊은 사람들에 비해 정보습득력이 떨어질 수밖에 없는 나이라 괜한 민폐다 싶어 등록이 꺼려지던 차였다. 하루는 어린 친구들이 이상한 말을 꺼냈다.

"훈장님, 선물 왜 안 받으세요?"

"선물?"

"어제 훈장님 생신이었잖아요. 우리가 돈 모아서 핸드폰으로 훈장님 선물 보냈는데…."

'??'

무슨 소린가 해서 카톡을 열었더니 선물이 도착했다는 메시지가 떠 있다. 사실 그는 웬만해선 카톡을 사용하지 않는 편이었다. 아무거나 열면 보이스 피싱에 걸린다고 자식들이 하도 겁을

주었기 때문이다.

"훈장님 핸드폰 사용법 잘 모르죠?"

"우리 할아버지랑 할머니도 제가 핸드폰 가르쳐 드렸어요. 훈장님도 우리한테 배워요!"

"그래요, 훈장님! 저희가 가르쳐 드릴게요!"

그날 그는 세상에서 제일 감동적인 생일선물을 받았다. 어린 스승들 덕분에 그는 이제 핸드폰 사용법은 물론 인터넷으로 물건을 주문할 줄도 알게 되었다.

친구들도 그를 부러워하기 시작했다. 엊그제는 노인회장이 돼서 노인정에 자주 들르지 않는다고 타박을 들었다. 종종 골프를 치러 갔던 친구들도 송 회장이 없어 재미가 줄었다고 불평이 이만저만이 아니다. 듣고 보니 미안하기도 해서 변명이라도 할라치면 의외의 반응이 돌아오곤 했다. 말은 미안하다고 하는데 목소리에 힘이 들어가 있다는 얘기다.

"애들 가르치는 재미가 그리 좋은 모양이지?"

"애들 아니고 핸드폰 사부라네. 배울 게 얼마나 많은데."

"하! 이 친구 애들하고 놀더니 말하는 수준이 딱 초등학생일세, 아주 살 판 났구만?"

분명 핀잔하는 말인데 기분이 나쁘질 않다. 실제로 그러한 걸 어쩌겠는가.

처음에 주민들은 별 기대가 없었던 듯했다. 단순히 학원비를 절약할 수 있어 좋다고 생각하는 정도랄까.

"우리 아이가 마을학교 한자 수업을 기다리는 걸 보고 놀랐어요. 전에는 학원 가는 시간을 기다리는 걸 한 번도 본 적이 없었거든요."

학부모들에게 이런 이야기를 듣는 날은 그렇게 마음이 뿌듯할 수가 없다. 학습이라는 생명자본이 송 회장에게는 새로운 인생의 활력소가 되고 아이들에게는 마을 어르신과 소통할 수 있는 계기가 되었다. 마을학교에선 경쟁도 없고 벌도 없다. 시니어와 주니어가 같이 놀고 배우는 생명자본의 장이다.

학부모들이 좋아하는 또 다른 이유는 마을 안에서 수업이 이루어지므로 학원 통학에 따른 안전 문제에 비교적 자유롭다는 점이었다.

마을학교에선 학습코디네이터가 출석 확인부터 학습활동에 이르기까지 꼼꼼하게 챙기기 때문에 안전 문제는 걱정할 필요가 없다. 오히려 사설 학원보다 아이들을 돌보는 일에 훨씬 더 많은 애정과 열정을 기울이고 있다.

지금 그는 우울감과 무력증에 빠져 있던 날들이 아득히 먼 옛날의 일만 같다. 예전처럼 하루하루 노인정에서 별 의미 없는 시간을 보내고 있다면 어땠을까?

"작으나마 사회활동에 참여하는 데서 오는 보람을 알지 못했다면 인간으로서의 존재 의미는 점점 더 사그라졌겠죠. 마을학교에서 더 큰 인생의 배움을 얻고 성장한 건 아이들이 아닌 나 자신이었어요."

인생 3막 1년 차, 어제보다 오늘이 더 행복한 송 회장이다.

혼자서는 어렵지만 '우리'라서 가능한 일

매화꽃이 봉오리를 맺기 시작한 조금 쌀쌀한 봄날.

광주로 가는 길은 언제나 혜숙 씨의 마음을 들뜨게 한다. 구태를 벗고 혁신을 시도하는 사람들이 그곳에 있기 때문이다. 지금 그녀는 광주시 K구청 공무원들에게 액션러닝$^{Action\ Learning}$ 방식의 참여형 마을만들기 프로젝트를 코칭하러 가는 길이다. 1945년 영국의 레그레반스$^{Reg\ Revans}$교수가 주창한 액션러닝은 세계 100여 개국에서 기업의 이슈 해결과 조직문화 개선, 공공혁신에 선도적인 역할을 담당해왔다. 국내에선 독일 국립 레겐스부르크 대학에서 인적자원개발을 전공한 전북대학교 경영학부 봉현철 교수에 의해 2005년 한국액션러닝협회가 설립되었다.

8시 50분, 교육장에 들어선 그녀는 깜짝 놀랐다. 40분이나 일찍 왔는데 학습자 전원이 참석해 있으니 두 눈이 휘둥그레질 수밖에.

강의 첫날 지각을 한 건가? 시간을 잘못 알고 온 건 아닐까?

"저희는 출근 시간이 9시입니다. 교육 시간과 상관없이 일찍 와야죠."

당연한 듯이 대답하는 팀원들의 진지한 눈빛.

"이번 교육을 계기로 우리 지역이 긍정적인 변화를 이룰 수 있기를 바랍니다."

인사말을 하는 구청장의 어깨 너머로 '학습 없이 진보 없다'는 슬로건이 보였다. 그녀는 여기에 한 문장을 추가했다.

"학습 없이 진보 없고, 실천 없이 성장 없다."

팀, 학(學), 습(習)을 기본으로 하는 액션러닝은 철저하게 팀 단위로 학습이 이루어진다. 액션 러너(학습자)와 러닝 코치(퍼실리테이터)가 집단지성을 발휘하여 조직이나 단체의 당면과제를 실질적으로 해결할 방안을 도출하고 이를 현장에서 실천함으로써 가설을 검증해내는 방식이다.

이번 프로젝트의 주제는 '더 살기 좋고 더 행복한 마을만들기'. 그녀가 강의를 맡은 K구는 도농복합도시. 아파트 단지가 밀집해 있는 도심 건너편에 자연부락이 자리를 잡고 있다. 액션러닝 학습팀은 총 5개 팀으로 구성되었다.

러닝 코치로서 그녀의 역할은 팀원들이 학습을 잘할 수 있도록 중립을 유지하며 프로세스 측면에서의 조언과 지침을 제공하는 것이다. 단, 과제에 관한 본인의 의견을 직접적으로 제시하지는 않는다. 액션러닝은 의사결정의 궁극적인 책임을 학습자의 몫으로 부여한다. 그래야 학습자들이 더 큰 의미와 책무성을 갖고 프로그램에 임하기 때문이다.

과제 해결은 단순히 아이디어를 제시하는 차원에서 그치지 않는다. 아이디어를 실행에 옮겼을 때 조직이나 지역사회, 혹은 개인에게 이익이 되는 긍정적인 변화를 가져다줄 수 있어야 한다. 액션러닝에서 실천을 중시하는 이유다. 아는 게 힘이 아니라 할 줄 아는 것이 힘이다. 이는 액션러닝이 생명자본인 학습을 널리 전파하고 확산하려는 목적이기도 하다. 액션러닝의 핵심은 한번의 학습 경험으로 끝나는 것이 아니라 모두의 행복을 추구하는 홍익인간, 서로 다름을 소중히 여기는 상호존중, 문제해결 중심의 실사구시 철학을 바탕으로 어떤 문제라도 학습으로 잘 해결해 나갈 수 있도록 돕는 데 있다.

아이스 브레이크로 화기애애한 분위기가 조성된 후.
"우리 구의 가장 큰 문제는 무엇이 있을까요?"
그녀는 질문했고 팀원들은 명목집단법을 통해 과제를 정했다. 전원 참여를 전제로 하는 명목집단법은 정제된 단어와 문장으로 생각을 정리한 상태에서 토론에 임함으로써 회의 시간을 절약할 수 있게 하는 이점이 있다. 아울러 발표 시간을 준수하도록 제한을 둠으로써 자기주장이 강한 특정인의 의사가 강조되지 않고 팀원들의 의견을 민주적으로 수렴할 수 있다.

학습자들은 각자 혼자만의 시간을 갖고 자신들의 의견을 포스트잇에 적었다. 이를 토대로 진지한 토론과 경청, 합의를 통해 5개의 팀에서 제기한 과제는 크게 5개로 압축되었다.

'아파트 소통문화 바꾸기'와 '자연부락 노인들의 건강 돌봄 프로그램' '투게더 k 나눔 프로젝트', '불법광고물 해결하기', '원룸단지 불법쓰레기 개선'이었다.

누구나 정을 그리워한다

시골 출신인 혜숙 씨에겐 마음 한켠에 늘 안타까움이 있었다.

단절의 벽에 가로막힌 주민들을 따뜻한 인간미가 넘치는 공간으로 끌어들일 방법은 없을까?

K구 전체 아파트를 대상으로 평생학습을 전파한다면?

나름의 시나리오를 구상해보기도 했다.

팀원들은 어쩌면 단기간에 문제를 해결할 수 있을지도 모른다는 생각에 다소 들뜬 모습이었다. 그러나 청사진만으로 일이 다 되는 건 아니다. 급할수록 돌아가라고 했다. 이럴 때 코치는 과제 범위를 좁힐 수 있는 포커싱 질문을 던져 학습자들이 과제 실행력을 높일 수 있게 유도해야만 한다.

"K구 아파트 단지 중 소통이 가장 필요한 단지 하나만 선택한다면 어디가 좋을까요? 우리 팀이 접근해서 문제 해결방안을 찾아보고 실행까지 해볼 수 있는 단지 말이에요."

그녀가 이 질문을 꺼내 든 이유는 과제는 잘게 자를수록 실행력이 높아진다는 점 때문이다. K구 전체로 확산이 가능한 시범단지를 정해서 소통 문제부터 해결해 나간다면 순차적으로 과제 수행의 길이 열릴 거라는 판단도 주효했다. 매일 쏟아지는 쓰레기 문제, 층간소음으로 인한 갈등, 주차 문제, 불법 광고물 부착 등 아파트 단지 내에서 발생하는 허다한 민원은 소통의 부재라는 본질적인 문제를 극복하지 않고는 해결될 수 없는 문제였다.

어느 한 사람의 힘으로 해결할 수 없는 문제라도 관점이 다른 사람들끼리 집단지성을 발휘할 때 상상도 할 수 없는 변화가 이루어지는 걸 그녀는 수없이 보아왔다. 이번 액션러닝 학습 과정에서 꾸려진 '미생나비' 팀이 그런 경우였다. 복지정책과, 문화예술과, 여성아동과, 교육지원과, 도시계획과, 공원녹지과 소속 공무원으로 구성된 팀원들은 각자의 분야에서 터득한 경험을 토대로 반짝이는 아이디어를 내놓았다.

"우문현답(우리의 문제는 현장에 답이 있다)!"

액션러닝의 철학에 따라 6명의 팀원이 현장으로 나갔다. 아파트 주민들을 직접 만나보고 그들의 이야기를 경청하기 위해서다.

하루 7시간씩 발로 뛰면서 주민들의 다양한 의견을 수렴한 이들은 K구의 새솔아파트를 소통문화 개선 시범 지역으로 선정했다.

새솔아파트는 입주한 지 3년이 가까웠으나 주민 간의 교류가 거의 없었다. 이웃끼리 소통을 꺼리는 심리적 원인은 다른 아파트와 비슷하게 나타났다. 먼저 말을 걸면 폐가 될까 싶어 엘리베이터에서 아는 얼굴을 만나도 선뜻 인사를 건네기가 망설여진다는 응답이 제일 많았다.

미생나비 팀은 새솔아파트 입주자대표회의와 주민자치위원회 임원들을 찾아다니며 프로젝트의 취지를 설명하고 일일이 협조를 구했다.

"소통? 좋죠. 그런데 누가 누군지 알아야 소통이든 뭐든 할 텐데 반상회를 해도 사람이 잘 모이질 않으니 구청에서 나선다고 소통이 될지 모르겠네요."

"여긴 노인정도 비어 있는 거나 마찬가지예요. 노인들이 집 밖으로 나오려고 하질 않아요. 억지로 모시고 나올 수도 없고…"

대부분 회의적인 반응을 내비쳤으나 프로젝트의 취지에 대해선 대체로 공감을 표했다. 팀원들은 다시 주민을 상대로 심층 인터뷰를 진행했다.

"아는 사람이 한 명도 없는 아파트에 이사를 왔습니다. 모르는 이웃과 자연스럽게 말문을 트려면 어떤 방법이 있을까요?"

좋은 질문이 좋은 대답을 낳는다. 마침 시장에 다녀오던 중년

부인이 자신의 경험담을 들려주었다.

"나도 처음 이사 왔을 땐 뭐 하나 물어볼 이웃이 없었어요. 그렇다고 남의 집 벨을 함부로 누를 수도 없고. 막막하던 차에 시골에서 부모님이 집안에 좋은 일이 생기면 이웃에 떡을 돌리던 생각이 났어요. 앞뒷집에 인사도 할 겸 떡을 한 접시씩 돌렸더니 이젠 서로 안부를 묻는 사이가 됐어요."

바로 이거다!

팀원들의 귀가 솔깃해지는 순간이었다.

주민은 답을 알고 있다

"이웃끼리 음식을 나누며 정을 쌓아가는 이런 좋은 문화를 아파트에 확산하게 하려면 어떤 방법이 있을까요?"

팀원들은 각자의 생각을 포스트잇에 적었다. 미생나비 팀은 아파트 부녀회와 협력해서 음식 나눔 행사를 펼치기로 의견을 모았다. 아파트 나눔의 상징인 노란 접시를 주민들에게 나눠주고 나눔 캠페인을 열기로 한 것.

문제는 나눔의 방법이었다. 마침 선거철이라 물품을 구매해서 나눠주는 건 자칫 선거법 위반의 오해를 살 수도 있었다.

"우리가 문제를 너무 어렵게 생각하는 건 아닐까요?"

"주민들의 의견을 들어보면 해결법을 찾게 될지도 몰라요."

머리를 맞대고 실행 방안을 고민하던 팀원들은 다시 주민 속으로 들어갔다. 역시 현장에 답이 있었다.

"마을 행사에 접시가 필요한데 선거철이라 구의 예산으로 물건을 살 수가 없게 되었습니다. 무슨 방법이 없겠습니까?"

팀원들은 동네 슈퍼마켓을 찾아가 사정을 이야기하고 조언을 청했다. 그랬더니 그곳 주인이 선뜻 제안을 해왔다. 자청해서 노란 접시 300개를 기부하기로 한 것.

액션러닝에 연습문제란 존재하지 않는다. 도출해낸 방안을 현장에서 직접 실행하고 검증해야만 과제는 완수되는 것이고 학습은 다음 단계로 이어질 수 있다.

팀원들은 우선 행사를 홍보하기 위해 다시 주민 속으로 들어갔다. 슈퍼마켓 주인의 아름다운 기부로 기본 접시는 확보해두었다. 떡은 부녀회에서 준비하기로 했으나 그것만으론 부족했다. 무엇보다 행사의 목적이 소통에 있는 만큼 주민들의 자발적인 참여가 절대적인 필요충분조건이었다.

:: **노란접시 캠페인** ::

"만나고 얘기하면 공유가 시작됩니다!"

하나, 마음을 데우는 이웃 간 한마디 "안녕하세요"
엘리베이터 안 한마디로 이웃 간 온기는 1상승

둘, 서로가 훈훈한 이웃 간 두 마디 "방금 했어요, 드셔보세요."
이웃의 문을 열게 하는 두 마디로 통로의 공기는 2상승

셋, 새솔아파트 사랑 걸렸네!
몰랐던 이웃과도 세 마디 이상 가능하게 하는 "우리 아파트 포트럭 파티!"

구청 문화예술과 소속 팀원이 만든 재기발랄한 현수막과 전단지를 아파트 입구와 게시판에 붙인 팀원들은 단지 곳곳을 돌아다니며 주민들을 끌어모았다.

드디어 행사 당일.

아파트 주민 80여 명이 손수 마련한 음식이나 과일 등을 노란 접시에 담아 내왔다. 뒤이어 손자, 손녀와 함께 나온 어르신들, 갓난아이를 안고 나온 신혼부부, 우연히 산책을 나왔다 행사장에 들른 주민들이 중앙정자로 모여들었다. 그저 오며 가며 혼자 혹은 끼리끼리 쉬어가던 장소가 이웃 간에 음식을 나눠 먹는 정감 어린 공간으로 변했다.

"주민들이 이렇게 좋아할 줄 몰랐어요."

설마 했던 팀원들도 내심 놀라는 눈치였다. 평소 데면데면하던 주민들이 처음 얼굴을 맞대고 훈훈한 덕담을 나누는 시간, 슈퍼마켓 주인도 그 자리에 있었다.

"이제야 사람 사는 동네 같네요. 이런 행사가 자주 있었으면 좋겠어요."

"그럼 노란 접시는 우리 슈퍼가 책임지겠습니다!"

주민들의 환한 웃음이 지속가능한 마을공동체의 탄생을 예고하고 있었다.

자연부락 어르신들의 건강을 지켜라

K구 자연부락은 할아버지·할머니들이 마을을 지키고 있다. 고령화가 가속화된 도시 속 자연부락의 노인들에게 시간은 고여 있는 물과 같다. 어르신들은 종일 경로당에 모여서 고스톱을 친다. 마땅히 할 게 없기 때문이다. 대부분 허리나 무릎 통증으로 고생한다. 평생 논일·밭일로 몸을 혹사한 탓이다. 그렇게 아파도 날이 밝으면 경로당에 가서 10원짜리 고스톱으로 시간을 보낸다. 육신의 고통보다 더 마음을 쓰리게 하는 외로움 때문이다.

어떻게 하면 이 어르신들의 몸과 마음을 건강하게 살펴드릴 수 있을까?

사회복지사들의 협조로 자연부락 어르신들의 일상을 접한 '건강백세' 팀은 처음에 노래 교실이나 에어로빅 같은 댄스 프로그램을 경로당에 도입할 계획이었다. 고스톱보다 좀 더 동적인 활동을 할 수 있도록 돕는다면 심신이 건강해질 것이라는 가설에 따른 프로젝트였다.

"어르신들을 직접 만나보는 건 어떨까요?"

러닝 코치의 질문은 현장에 가서 자세히 관찰하고 공감하는 게 먼저라는 점을 일깨워주기 위한 것이었다. 팀원들은 조를 짜서 일주일간 경로당을 찾아 어르신들의 이야기를 경청하며 밀도 깊은 공감의 단계를 거쳤다.

이 과정에서 새로운 사실을 발견했다. 어르신들은 뭘 해도 즐거움을 느끼지 못했다. 이분들의 진짜 아픔은 그리움이었다. 도회지에 나가 사는 자식들을 향한 그리움이 쌓이고 쌓여 몸과 마음의 병을 키웠다.

"매일 손주들이 눈에 밟혀."

"어쩌다 지나가는 애들만 봐도 그저 내 새끼들인가 싶고."

"죽기 전에 얼굴 볼 날이 몇 번이나 될지 몰라."

"명절에 고것들이 집에 오면 밤새 음식 장만하고 힘들게 일해도 아픈 줄을 몰랐는데…."

차마 아무한테도 말하지 못했던 속내를 풀어놓는 주름진 눈가에 설핏설핏 이슬이 맺혔다. 세상에서 제일 예쁜 게 '자식의 자식'이라고 했다.

이분들을 기쁘게 할 방법이 없을까?

고심하던 팀원들은 마침내 집단지성을 발휘했다. 지역에 있는 유치원과 자연부락 어르신들 간에 자매결연을 성사시킨 것이었다.

하늘유치원은 아이들 현장 체험 학습공간이 필요했다. 자연부락과 도심의 유치원을 연계한 건강백세 팀은 구체적인 액션 플랜 Action Plan을 수립했다. 어르신들과 유치원생들을 짝꿍으로 맺어 주고 일주일에 한 번 만남의 시간을 갖게 한 것.

매주 목요일은 자연부락 어르신들이 너나없이 바쁜 하루를 보냈다. 짝꿍 손주들 먹이려고 방울토마토를 따고 감자를 쪄놓고 옷차림도 모처럼 신경을 썼다.

도회지 사는 손자·손녀를 기다리는 것만큼이나 가슴 설레는 시간.

드디어 노란 옷을 입은 아이들이 동구 밖을 들어서자 온 동네에 생기가 넘쳤다.

"하이고! 요요 이쁜 강아지들!"

까르륵까르륵 아이들 웃음소리에 어르신들 얼굴에 함박꽃이 피었다. 아이들은 고구마도 캐고 감자도 캐고 마치 시골 외갓집에 놀러 온 것마냥 온종일 텃밭에서 자유롭게 뛰어놀았다.

유치원에선 따로 밭을 예약하지 않아도 되었다. 친손주처럼 대해주는 할머니와 할아버지 사랑을 듬뿍 받으며 매주 자연을 알아가는 시간을 갖게 된 건 아이들에게도 소중한 경험이었다. 어르신들은 짝꿍 손주를 집에 데려가 특별 간식을 만들어주기도 했다.

아이들과 어르신들이 같이 할 수 있는 또 다른 놀이는 무엇이 있을까?

일주일에 한 번의 만남으론 부족하다고 생각한 팀원들은 난타 공연을 기획했다. 유치원에 의향을 물었더니 학부모와 아이들도 무척 좋아한다며 적극 동의를 표했다. 이렇게 해서 매주 화요일을 연습 날로 정하고 난타 공연 전문가를 강사로 초빙했다.

역시 한국인은 신명을 아는 민족이었다. 어르신들도 아이들도 난타는 처음이었으나 온몸에 흥을 실어 시간 가는 줄 모르고 북장단에 호흡을 맞췄다.

그로부터 두 달 후.

K구청 강당에서 학습 경과 발표가 있던 날은 자연부락 어르신과 유치원생들로 이루어진 난타 팀이 식전 공연에 초청되었다. 머리가 희끗희끗한 할아버지·할머니와 유치원생이 혼연일체가 되어 "대한민국!"을 외치며 신명 나게 북을 두드리는 장면은 감동 그 자체였다.

"내 평생 이렇게 좋은 날이 또 있을꼬!"

공연을 마친 어르신들 표정에 새롭게 무엇인가를 할 수 있다는 자신감이 배어났다. 아이들과 함께하는 하루하루가 즐겁고 행복해서 새로 손주를 얻은 것 같다고 좋아하시는 모습이 혜숙 씨 마음까지 행복하게 한다.

마을이 함께 어우러져 산다는 건 이런 모습일 것이다. 프로젝트 마지막 날, K구청 학습팀과 함께한 성찰의 시간에 한 팀원이 이런 말을 했다.

"우리들의 작은 노력으로 지역의 문화를 바꿀 수 있다는 생각에 저는 공무원이 되고 처음으로 보람을 느꼈습니다."

혜숙 씨는 예전처럼 '이런저런 일을 실행하면 이렇게 바뀔 것'이라는 식의 보고서로는 결코 이렇듯 아름다운 사례를 만들어내지 못했을 것이라 생각한다. 행정 사무적인 차원에서 접근했으면 당연히 예산 배정을 생각했을 테고 넘어야 할 산도 많았을 것이다. K구의 공무원들은 주민을 자신들의 고객으로 생각하고 주민들과 함께 주민들의 삶 속에서 공감하고 경청하는 가운데 해결책을 찾아 나갔다. 이러한 해결책 속에는 어김없이 학습이라는 생명자본, 관계형성이라는 생명자본이 존재하고 있다. 혼자서는 어렵지만 우리^{We}라서 가능했던 일이다.

• 맺는 글

"목수는 집을 다 지으면 떠나야 하는 것입니다.
내가 목수로서 경기창조학교라는 집을 지었으니
집주인인 이 원장이 집을 잘 꾸미고 사세요."

2009년 경기창조학교가 문을 열었다. 초대 문화부 장관을 역임한 故 이어령 박사는 개설자이자 명예 교장이었다. 나는 경기도 평생교육진흥원장에 재직 중 경기도지사 공관 만찬장에서 그분을 처음 만났다.

"난 일생을 살면서 좌절이라는 것을 모르고 살았던 사람입니다. 그런데 경기창조학교장을 맡고 나서 좌절이 무엇인지를 처음으로 경험하게 되었어요."

경기창조학교는 미래지향적인 독특한 수업 방식으로 개교 당시부터 화제를 모았다. 모든 혁신에는 진통이 따르는 법, 전혀 새로운 개념의 학교를 이끌어가느라 얼마나 마음고생이 컸으면 그런 말을 하셨을까.

"목수는 집을 다 지으면 떠나야 하는 것입니다. 나는 목수로서 경기창조학교라는 집을 지었으니 집주인인 이 원장이 집을 잘 꾸미고 사세요."

하지만 나는 당신의 간곡한 당부에 선뜻 동의할 수 없었다.

"장관님, 대단히 죄송한데 저는 이 집이 마음에 들지 않습니다. 집주인이 집이 마음에 들지 않은데 목수가 집을 다 지었다며 떠나는 것은 도리가 아니라고 생각합니다. 당분간 수리를 해주셔야 할 것 같습니다."

건방지게 들릴 수도 있는 이야기였으나 당신은 빙그레 웃기만 했다. 이때부터 이어령 박사는 내 마음속 장관님으로 자리 잡았다.

창조이론, 인문, 예술, 과학, 경영 총 5개 분야 1,000편 이상의 콘텐츠로 구성된 경기창조학교는 세계 최고의 창의 콘텐츠를 세 살부터 여든까지 남녀노소 신분을 막론하고 모든 한국인과 공유한다는 원대한 목표하에 개설되었다.

개교식은 이어령 박사의 뜻에 따라 서울에서 열렸고 각 분야 최고의 전문가 62인이 경기창조학교 멘토로 참여했다. 대한민국이 창조국가로 가는 초석을 다지려는 당신의 의지는 현장에서 활동하는 분야별 최고의 창조인들을 경기창조학교로 이끌었다.

그 결과 천여 명의 수강생으로 시작한 경기창조학교는 개교 2

년 만에 6만여 명이 참여할 만큼 큰바람을 일으켰으나 초기에는 넘어야 할 산이 많았다. 특히 도의원들의 반발이 심했다. 왜 경기도 예산으로 서울에서 개교식을 하느냐, 주말에 왜 법인 카드를 쓰느냐는 등 사사건건 시비가 일었다.

"이름만 경기창조학교지 사실상 대한민국의 창조학교입니다. 당연히 서울에서 개교식을 해야지요."

"대한민국의 위대함을 알리는 행사는 뉴욕이나 파리에서 해야지, 대한민국에서 하면 다른 나라 사람들이 얼마나 관심을 가지겠습니까?"

도의원들에겐 이런 설득이 통 먹히질 않았다. 공무원들도 창조 국가를 향한 일념으로 광폭의 행보를 보이는 그분을 행정적으로 뒷받침하기를 버거워했다.

2013년 어느 날, 나는 경기창조학교 김 팀장에게 물었다.

"금년도 콘텐츠 개발 예산이 얼마나 됩니까?"

김 팀장은 해당 예산이 1억 6천만 원 정도라고 했다. 그에게 솔직한 의견을 구했다.

"예산을 1억 5천으로 잡고 편당 3백만 원이면 여기저기 흩어져 있는 장관님의 지식과 지혜, 통찰이 담긴 강의 전체를 편당 15분짜리 동영상 콘텐츠로 개발할 수 있을 것 같은데, 저작권료가 말도 안 되게 약소해서 장관님께 큰 실례가 되겠지요?"

"장관님은 금액에 구애받지 않으실 겁니다. 오히려 원장님의 생각을 고맙게 여길 것입니다."

김 팀장의 확신에 찬 대답이었다. 나 역시 이어령 박사는 돈이 없어서가 아니라 키워드 중심의 짧은 콘텐츠 제작에까지 생각이 미칠 여유가 없었을 거라고 판단했다.

굳이 시간을 제한한 건 강의가 15분을 넘어가면 집중력이 현저히 떨어지고 이어령 박사의 1~2시간짜리 강의는 인터넷에 넘쳐나기 때문이었다. 이어령 박사는 우리의 제안을 아무 조건 없이 흔쾌히 받아들였으나 공무원들의 반발로 일이 무산될 뻔했다. 15분짜리 짧은 콘텐츠에 편당 3백만 원씩 투자하는 것도 이해가 안 될뿐더러 공개경쟁 없이 특정 개인에게 1억 5천만 원을 지출한 관례가 없다는 것이었다.

많은 이들이 이어령 박사를 백 년에 한 명 나올까 말까 한 천재로 평가한다. 더 늦기 전에 콘텐츠를 확보해 놓지 않으면 또 다른 천재가 나타나기까지 향후 백 년을 허비하게 될지도 모른다. 이런 나의 조바심 끝에 탄생한 콘텐츠가 〈이어령의 스토리텔링 키워드 50〉이다.

대한민국 최고 지성인으로서의 명성과 위치에 비하면 3백만 원은 극히 상징적인 액수에 불과했으나 당신은 그마저도 마음에 걸렸던 모양이다.

"이 원장, 난 10원짜리 하나도 내 주머니에 넣지 않았어. 콘텐츠 개발하라고 나한테 준 1억 5천만 원은 전액 한중일비교문화재단에 줬다네."

구태여 돈의 용처까지 밝히는 그 깊은 뜻을 내가 모르지 않았다. 도의원들에게 워낙 시달린 경험이 있고 보니 혹시라도 내게 불똥이 튀지 않을까 배려한 언질이었다.

이 책의 주제인 생명자본 이야기가 처음 나온 건 2015년, 내가 경기도 평생교육진흥원장으로 재직할 때다.

"앞으로는 생명자본 시대가 될 거야. 이 원장이 평생교육 차원에서 이걸 한번 추진해봐요."

이어령 박사의 간곡한 당부였으나 그땐 내가 감당하기 힘들 정도의 수준이라 엄두를 못 냈다. 당신의 큰 그림을 펼쳐 보이기엔 여러모로 부족한 점이 많았다. 결론을 내지 못한 상태에서 2016년 나는 유네스코 평생학습연구소* 근무를 위해 독일행 비행기에 올랐다. 2018년 유네스코 평생학습연구소 근무를 마치고 귀국했을 때 수원시장과 오찬을 겸한 자리에서도 같은 이야기가 나왔다.

"지금이야말로 생명자본을 확보한 마을$^{\text{vita-village}}$이 필요한 시대입니다. 진정 사람들을 행복하게 만드는 마을이요. 대학과 지방자치단체가 협력하여 생명자본마

---

* 유네스코 평생학습연구소(UNESCO Institute for Lifelong Learning)는 독일의 함부르크시에 위치하고 있다.

을을 만든다면 수원 시민들이 이전과는 차원이 다른 삶을 살게 될 겁니다. 뿐만 아니라 전 세계에서 벤치마킹 와서 수원시가 국제적으로 유명한 도시가 될 거예요."

이어령 박사는 2시간 넘게 진행된 오찬 자리에서 다른 사람들이 말할 틈도 주지 않고 열변을 토했다. 미래는 생명자본마을이 판을 주도하게 될 것이라는 게 주된 핵심이었다. 여기엔 수원시가 아주대학교와 협력해서 생명자본마을을 만들어보라는 제안도 포함되었다. 당시 수원시장은 이에 공감했으나 공무원들은 움직이려고 하질 않았다. 대부분 생명자본마을의 뜻을 제대로 이해하지 못했기 때문이다. 얼마 후에 내가 주선한 하남시장과의 면담에서도 같은 이야기가 나왔다. 행정이 생명자본마을 만들기에 앞장서야 대한민국의 미래가 열린다는 조언이었다.

지치지도 않고 같은 말을 되풀이하는 당신을 보면서 나는 무엇이 구순에 가까운 노학자를 저토록 열정적으로 몰입하게 하는지 궁금하지 않을 수 없었다.

"호기심이 내 에너지의 원천이야. 나는 끊임없이 생각하고 새로운 것을 시도하고, 사람들을 각성시키는 것이 내 의무라고 생각해."

비로소 이분이 시대의 지성으로 존경받는 이유를 알 것 같았다.

수원시장도 하남시장도 생명자본마을의 필요성에는 동의했

으나 이를 실천에 옮기지는 못했다. 공무원들을 설득하기엔 이어령 박사의 사고가 너무 앞선 것인지도 모르겠다. 다만 하남시에서 '빛나는 평생학습마을' 프로그램을 시도함으로써 생명자본마을 개념이 확산하는 기반이 되었다는 것에 위안 삼을 따름이다. 이후로도 나는 여러 지자체장과 이어령 박사의 만남을 주선했으나 실망만 안겨드린 셈이 되고 말았다.

"이 원장, 이런 일은 어느 시장이나 군수도 할 수 없어. 내 말을 이해하고 실천할 공무원들이 없으니 내 입만 아플 뿐이지."

지자체장들과의 만남은 이제 의미가 없으니 대신 내가 나서서 전국적으로 생명자본마을을 키워보라는 당부였다.

"이 원장이 생명자본, 생명자본마을에 대한 책을 써. 내가 한 장chapter을 써줄 테니 한번 써봐."

부족한 나를 믿고 격려해주는 뜻을 알면서도 선뜻 대답을 드리지 못했다.

"책이 팔리든 안 팔리든 쓰세요. 이 원장이 책을 쓸 때 필요한 콘텐츠는 내 걸 이용해도 좋아."

2019년에도 똑같은 권유를 받았으나 용기가 나지 않았다. 섣불리 나섰다가 행여 누가 되진 않을까 조심스러웠던 까닭이다. 무엇보다 장관님의 깊은 뜻을 글로 제대로 표현할 자신이 없었다.

"이 원장, 내가 몸이 많이 안 좋아요."

떠나기 전에 차근차근 사람들을 만나볼 요량이라는 말끝에 당신은 또 책 이야기를 꺼냈다. 그렇게 건강이 좋지 않은 와중에도 안부 전화를 드릴 때면 생명자본과 생명자본마을에 대한 당신의 철학을 소상하게 일러주곤 했다.

"생명자본마을에 관한 책을 쓰세요. 책이 팔리든 안 팔리든." 벌써 여섯 번째 당부. 그리고 2022년 2월 장관님과의 마지막 대화가 있은 지 얼마 후 비보를 접했다.

"천리마는 있으나 백락이 없어요. 인재를 알아보는 눈을 가진 사람을 키워야 해요."

나는 우매하여 당신을 제대로 알아보지도 못했건만 너무나 큰 가르침을 받았다. 부끄럽고 늦었지만 이 책이 장관님 영전에 조그마한 선물이라도 되었으면 좋겠다.

끝으로 자신의 사례를 아무런 조건 없이 공유해주신 생명자본 활동가 여러분들과 기꺼이 출판에 동의해주신 유가족께 감사의 말씀을 드린다.

이 성

세계시민성교육원장/코이카-서울대-호치민대 고등농업교육강화사업 현지 사업총괄/아시아농촌인적자원개발협의회(https://asiadhrra.org) 회장